W0048974

GÜTERSLOHER
VERLAGSHAUS

Gütersloher Verlagshaus. Dem Leben vertrauen

Ulrich H. J. Körtner

Wiederkehr der Religion?

Das Christentum zwischen neuer Spiritualität
und Gottvergessenheit

Gütersloher Verlagshaus

Bibliografische Information Der Deutschen Bibliothek

Die Deutsche Bibliothek verzeichnet diese Publikation in der Deutschen Nationalbibliografie; detaillierte bibliografische Daten sind im Internet über http://dnb.ddb.de abrufbar.

1. Auflage
Copyright © 2006 by Gütersloher Verlagshaus, Gütersloh,
in der Verlagsgruppe Random House GmbH, München

Dieses Werk einschließlich aller seiner Teile ist urheberrechtlich geschützt. Jede Verwertung außerhalb der engen Grenzen des Urheberrechtsgesetzes ist ohne Zustimmung des Verlages unzulässig und strafbar. Das gilt insbesondere für Vervielfältigungen, Übersetzungen, Mikroverfilmungen und die Einspeicherung und Verarbeitung in elektronischen Systemen.

Umschlaggestaltung: Init GmbH, Bielefeld, unter Verwendung eines Fotos,
© picture-alliance/epd
Satz: Druckerei Sommer, Feuchtwangen
Druck und Einband: Těšínská Tiskárna AG, Český Těšín
Printed in Czech Republic

ISBN-13: 978-3-579-05228-1
ISBN-10: 3-579-05228-4

www.gtvh.de

Für Hans-Jörg Rosenstock, meinen Leser kat'exochen

Inhalt

Vorwort

Trendforscher und Religionssoziologen beobachten seit geraumer Zeit die Wiederkehr der Religion. Auch das säkularisierte Europa ist von dieser Entwicklung nicht ausgenommen. Doch was ist an der These von der Wiederkehr des Religiösen bzw. von einem Megatrend Religion tatsächlich dran? Das neue Interesse an religiösen Themen wird durch einen massenhaften Gewohnheitsatheismus relativiert. Und während die TV-Berichterstattung über Megaevents wie das Begräbnis von Papst Johannes Paul II. alle Einschaltrekorde bricht, leeren sich in Mitteleuropa die Kirchen. Während Kirchenvertreter von einer Glaubenskrise des europäischen Christentums sprechen, treten andere Religionen wie der Buddhismus oder der Islam mit einem starken Selbstbewußtsein auf.

Welchen Weg soll der christliche Glaube zwischen neuer Religiosität und Gottvergessenheit beschreiten? Wie läßt sich das besondere Profil einer christlichen Spiritualität beschreiben, die nicht im religiösen Einheitsbrei untergeht? Und welche Form von interreligiöser Toleranz ist dem christlichen Glauben gemäß? Darauf versucht dieses Buch zu antworten.

Danken möchte ich meinen Mitarbeiterinnen und Mitarbeitern am Institut für Systematische Theologie der Universität Wien.

Wien, im Mai 2005   *Ulrich H.J. Körtner*

Einleitung:
Die neue religiöse Unübersichtlichkeit

Glaubt man manchen Religionssoziologen und Praktischen Theologen, dann liegt Religion voll im Trend unserer Zeit. Im Jargon moderner Trendforscher sprechen sie gar von einem »Megatrend Religion« bzw. einem »Megatrend Spiritualität«. Die These von der Säkularisierung Europas scheint passé. Einziger Wermutstropfen: Von der Hausse am Markt der neuen Religiosität konnten die Kirchen bislang nicht recht profitieren. Sie haben in den vergangenen Jahrzehnten an Boden verloren. Die Mitgliederzahlen der großen Konfessionen sind rückläufig, und die Bindung der verbliebenen Kirchenmitglieder hat sich teilweise bedrohlich gelockert. Darunter hat auch der konfessionell verantwortete Religionsunterricht an den öffentlichen Schulen zu leiden, der, wie das Beispiel Berlin zeigt, zunehmend auch politisch unter Druck gerät.

Die Botschaft der Trendforscher ist klar: Die Kirchen und auch der Religionsunterricht dürfen den Anschluß an den Megatrend Spiritualität nicht verpassen. Am besten wäre es natürlich, man könnte sich selbst als Trendsetter neu positionieren. Aber das ist leichter gesagt als getan. Der Verdacht, daß die Kirche unter dem Label »Spiritualität« nur alten Wein in neuen Schläuchen verkaufen will, ist beim neureligiösen Publikum groß.

Um in der Sprache der Ökonomie zu bleiben: Das Geschäft einer kritischen Theologie besteht zunächst einmal in einer soliden Marktanalyse. Erfahrene Analysten aber lassen sich von der Euphorie, welche die neue Spiritualität erzeugt, nicht so leicht anstecken. Es stimmt zwar, daß der göttliche Geist weht, wo er will. Aber der Wind, den die neue Spiritualität macht, ist zum Teil von den Trendforschern selbst erzeugte heiße Luft. So wie die New Economy könnte auch der Megatrend Religion schon bald wie eine Blase zerplatzen. In beiden Fällen werden nämlich bis zu einem gewissen Grad virtuelle Welten erzeugt.

Bei der Erzeugung virtueller Welten spielen die modernen Massenmedien eine entscheidende Rolle. Unter den christlichen Konfessionen ist die katholische besonders medientauglich. Selbst das Papstamt, bis heute einer der Streitpunkte zwischen den Kirchen und nach den Worten der Päpste Paul VI. und Johannes Paul II. noch immer das größte Hindernis auf dem Weg zur Ökumene, hat in den vergangenen Jahren dank seiner medialen Inszenierung eine neue Attraktivität gewonnen. Karol Wojtila, der in jungen Jahren auf polnischen Theaterbühnen stand, hat das Papstamt gewissermaßen für das Fernsehzeitalter ganz neu erfunden. Seine Auftritte gerieten zu multimedialen Megaevents, und der Vatikan avancierte während seines Pontifikats zum Medienkonzern. Das Fernsehzentrum des Heiligen Stuhls ist ein komplettes TV-Unternehmen mit eigenen Regisseuren, Kameraleuten und Übertragungswagen. Der Papst wurde zur religiösen Pop-Ikone, die sich für die Jugend als Alternative zu Madonna & Co. anbot – mit eigenen CDs und Videoclips. Das fürs Fernsehen wirkungsvoll inszenierte öffentliche Sterben des Karol Wojtila geriet zu globalen Passionsspielen, wobei das Leiden des Papstes auf theologisch höchst fragewürdige Weise mit den Leiden Christi verglichen und fast in eins gesetzt wurde. Bei der Karfreitagsprozession 2005 in Rom konnten die Pilger vor dem Kolosseum auf einer aufgebauten Leinwand dem todkranken Papst über die Schulter schauen, wie er im Fernsehen wiederum die Pilger sah – eine Endlosschleife. Sterben und Tod Johannes Pauls II. erzeugten einen regelrechten Medienhype. Und auch die Wahl des neuen Papstes Benedikt XVI. lief auf allen Fernsehkanälen dieser Welt, als gälte es, von der Olympiade oder der Fußballweltmeisterschaft zu berichten. Religionsjournalismus geriet zum religiösen Infotainment.

Medienwissenschaftlich, religionssoziologisch und theologisch ist die »Papamania« des Jahres 2005 faszinierend und irritierend zugleich. Zweifellos vorhandene religiöse Sehnsucht mischte sich mit Sensationsgier. Es schien, als sei mit einem mal die ganze Welt katholisch und papstfromm geworden. Auch Repräsentanten der Evangelischen Kirche erweckten teilweise den Eindruck, als wollten sie nun die religiöse Vormachtstellung Roms klaglos anerkennen. Plötzlich wurde zwei Männern gehuldigt, die noch kurz zuvor als dogmatische Hardliner kritisiert wurden. In seinem Anachronismus erscheinen das Papstamt und die von seinen Inhabern verbreiteten Botschaften mit ihrer zum Teil harschen Kri-

tik an der Moderne und dem Erbe der Aufklärung als post-
modern. Jugendliche jubeln einem Papst zu, dessen Sexualmoral
sie zugleich ignorieren. Im Frühjahr des Jahres 2005 erlebten wir
einen Feuilleton-Katholizismus, bei welchem sich Journalisten
über den Papst als Leuchtturm im wogenden Meer des (post)mo-
dernen Relativismus und als moralische Autorität im Kampf
gegen Globalisierung und Raubtierkapitalismus verbreiteten –
vermutlich ohne daß dies im persönlichen Leben der Autoren ir-
gendwie von praktischer Bedeutung gewesen wäre. Den protestantischen Kirchen wirft man ihre Zeitgeistigkeit und »Selbstsäkularisierung« (Wolfgang Huber) vor, wogegen die katholische Kirche
Achtungserfolge verbuchen kann zollt, weil sie unangepaßte Au-
ßenseiterpositionen vertritt. Kirchen und Theologen sollten daraus allerdings keine falschen Schlüsse ziehen. In der postmodernen Gesellschaft zollt man Außenseitern Respekt, solange sie als
ungefährlich gelten. Ganz in diesem Sinne wurde Johannes Paul
II. »gerade bei jenen zum Star, die nicht glauben« (Andrea Roe-
dig).

Die Zweideutigkeit der Virtualisierung des Christentums hängt
mit der Einsicht des kanadischen Anglisten und Literaturhistori-
ker Marshall McLuhan (1911-1980) zusammen: »The medium is
the message.« Was aber sagen uns die Bilder vom Petersplatz oder
auch von evangelischen Kirchentagen eigentlich? Was sagen sie
uns von Nachfolge Christi, von einem Leben aus der Umkehr und
aus dem Geist des Gekreuzigten und Auferstandenen? Widerlegen
sie etwa die Glaubenskrise, in der evangelisches und katholisches
Christentum in Europa ökumenisch vereint sind? Welche Medien
und medialen Inszenierungen sind dem christlichen Glauben angemessen, und welche vertragen sich nicht mit seiner Botschaft?

Nichts wäre verhängnisvoller, als wollten die Kirchen der
Macht der von ihnen selbst produzierten Bilder erliegen und aus
ihnen falsche Schlüsse ziehen. Die Massen auf dem Petersplatz,
beim Weltjugendtag im August 2005 in Köln oder bei den Eröff-
nungs- und Schlußkundgebungen evangelischer Kirchentage können nicht darüber hinwegtäuschen, daß viele Mitglieder – gleich
ob katholisch oder evangelisch – ihrer Kirche den Rücken kehren.
Sozial- und Kommunikationswissenschaftler bezeichnen religiöse

Massenveranstaltungen wie den Weltjugendtag oder den Evangelischen Kirchentag, auf denen sich neben Kirchenvertretern viel Prominenz aus Kultur, Pop und Politik einfindet, als »Hybridevents«. Modische Eventkultur und religiöse Gemeinschaftsbildung spielen hier auf komplexe Weise zusammen. Tatsächlich ist noch keineswegs ausgemacht, ob eine mediengerechte Inszenierung des christlichen Glaubens zu seiner Verbreitung und Stärkung oder nicht vielmehr zu seiner Sinnentleerung beiträgt. Das Christentum droht zu einem »spirituellen« Erlebnis verkürzt zu werden, das sich weitgehend im Atmosphärischen einer diffusen Sinnsuche und neuen Formen des Personenkults – man denke auch an die geradezu inflationäre Zahl an Selig- und Heiligsprechungen während des Pontifikats von Johannes Paul II. – erschöpft.

Die These von der Wiederkehr der Religion unterstellt, daß sie zeitweilig verlorengegangen sei. Tatsächlich ist jedoch auch eine säkularisierte Gesellschaft niemals völlig religionslos. Schon insofern ist hinter die Formel von der Wiederkehr der Religion ein Fragezeichen zu setzen. Intensität und Formen von Religion, sowie ihre gesellschaftliche Funktion haben sich allerdings zum Teil erheblich gewandelt. Vor allem aber darf das bloße Interesse an religiösen Themen nicht mit Religion selbst oder mit Religiosität verwechselt werden. Daß Religion wieder ein Thema öffentlicher Debatten ist, nicht zuletzt wegen der weltweiten Auseinandersetzung mit einem militanten Islam, läßt sich nicht bestreiten. Aus einem gestiegenen Interesse an religiösen Themen, insbesondere in der medialen Berichterstattung, läßt sich aber nicht ohne weiteres auf eine Zunahme der Religiosität als solcher, sei es in der Gesellschaft, sei es auf der Ebene der Individuen schließen. Auch deshalb halte ich die Rede von der Wiederkehr der Religion für irreführend.

Ebenso klärungsbedürftig wie der Begriff der Wiederkehr ist schließlich der Religionsbegriff selbst. In der Religionsforschung spielt die Semantik eine Schlüsselrolle. Was genau Religion ist, weiß niemand so recht zu sagen. Religionswissenschaft und Theologie haben unterschiedliche Definitionen parat, die sich nicht auf einen Nenner bringen lassen. So kann der Eindruck entstehen, Religion sei das, was von interessierter Seite zur Religion erklärt wird. Dazu zählen dann auch Phänomene oder Verhaltensweisen, die von den Betroffenen selbst gar nicht als religiös empfunden werden. Religionsforscher aber behaupten, diese Menschen besser zu verstehen als sie sich selbst.

Auf diese Weise bringen es manche Religionssoziologen sogar fertig, eine früher unbekannte »unsichtbare Religion« (Thomas Luckmann) zu ihrem Forschungsgegenstand zu erklären. Für das Unsichtbare waren ehedem Theologie und Metaphysik zuständig, dann die moderne Physik und heute offenbar die Religionssoziologie. In die Blackbox einer unsichtbaren Religion kann man im Zweifelsfall alles und jedes hineinprojizieren. Man braucht dafür nur die neue Wortschöpfung »religioid«, und schon sind je nach Belieben auch Museumsausstellungen, Marathonläufe und Massentourismus oder Fußballeidenschaft und Popkultur Erscheinungsformen des neureligiösen Megatrends.

Auch abgesehen von den Theorieproblemen, mit denen jede Religionstheorie zu kämpfen hat, stellt sich die Frage, wie gut die Kirchen beraten sind, wenn sie auf den vermeintlichen Megatrend Religion bzw. Spiritualität setzen, um verlorenes Terrain zurückzuerobern. Christlicher Glaube unterscheidet sich von allen sonstigen Formen von Religion durch das Bekenntnis zu Jesus Christus als Heilsbringer. Dieses Bekenntnis aber schließt den Glauben an den von Jesus verkündigten Gott ein, der wiederum der Gott Israels ist.

Die neue Religiosität dagegen ist weithin eine Religion ohne Gott. Sie rechnet mit kosmischen Energien und Kraftfeldern, die man spirituell anzapfen kann, nicht aber mit einem personhaften Gott, der den Menschen als verantwortliches Gegenüber geschaffen hat. Wichtige Strömungen, die als neue Religiosität bezeichnet werden, laufen auf einen Pantheismus oder Monismus hinaus, der kein Gegenüber von Gott und Welt, Schöpfer und Schöpfung kennt, sondern nur ein kosmisches Einheitsprinzip. Umfragen zeigen, daß auch unter Kirchenmitgliedern solche neureligiösen Vorstellungen anzutreffen sind, während man dem Glauben an einen personhaften Gott mit wachsendem Unverständnis begegnet.

Gleichzeitig wird die neue Religiosität durch einen massenhaften Gewohnheitsatheismus relativiert, der mit dem kirchlich repräsentierten Christentum jede Religion überhaupt verabschiedet. Über den damit verbundenen Traditionsabbruch kann auch die Renaissance des Religiösen nicht hinwegtäuschen. Sofern nicht alles und jedes für »religioid« erklärt wird, kann man statt von einem Megatrend Religion mit gleichem Recht von einem Megatrend Gottvergessenheit sprechen.

Dem steht das Phänomen eines neu erstarkenden Islam gegenüber. Namentlich in seiner sogenannten fundamentalistischen Variante präsentiert er sich als politische Religion. Auch sie hat ihre besondere Form der Medienpräsenz mit allen ambivalenten Folgen, die das für den Islam hat. Bilder von religiös motivierten Attentaten und Videoclips selbsternannter Dschihad-Kämpfer dienen einerseits der Mobilisierung von Gesinnungsgenossen, erzeugen andererseits aber das negative Bild eines gewalttätigen Islam, gegen den sich friedfertige Muslime mit Recht zur Wehr setzen. Vorurteile gegenüber einem unverstandenen Islam können sich ihrerseits in Gewalttätigkeit gegenüber Muslimen oder islamischen Einrichtungen entladen, wie es z.B. nach der Ermordung des niederländischen Regisseurs Theo van Gogh durch einen gebürtigen Marokkaner geschehen ist.

Religiös motivierte oder sich gegen Religionsgemeinschaften richtende Gewalttaten – seien es nun islamistische Terrorakte oder seien es islamfeindliche bzw. antisemitische Anschläge auf Moscheen und Synagogen – führen uns die politische Relevanz, aber auch die tiefe Ambivalenz aller Religion vor Augen. Selbstkritisch hat auch das Christentum im Dialog der Religionen seine eigene Gewaltgeschichte immer wieder zu bedenken.

Der Bogen dieses Buches spannt sich von einer Analyse des vermeintlichen Megatrends Religion und seiner Ambivalenzen bis zur Frage nach dem Verhältnis von Religion und Gewalt. Es möchte die Konturen einer christlichen Spiritualität aufzeigen, die aus der Quelle der Botschaft des Jesus von Nazareth schöpft und in ihr den Grund lebensdienlicher Religion wie auch das Maß für eine Kritik aller Religion und ihrer Zweideutigkeiten findet.

I. Megatrend Religion?

Während sich die christlichen Kirchen leeren, sprechen Religions- und Trendforscher von einer Rückkehr der Religion und erklären die Säkularisierung zu einem modernen Mythos. Realität oder Wunschdenken? Das ist hier die Frage.

Schon seit längerem machen neureligiöse Bewegungen, New Age und Esoterik von sich reden. »Spiritualität« dient als Sammelbezeichnung für die unterschiedlichsten Formen der Sinnsuche, vom Interesse an fernöstlichen Religionen über Tai Chi und Homöopathie bis zu allen möglichen Spielarten der Lebensberatung. Gleichzeitig verlieren, jedenfalls in Europa, das Christentum und die Kirchen an Bedeutung. Hinzu kommt die Präsenz von anderen Weltreligionen wie dem Islam, die vor allem auf Migration zurückzuführen ist.

Matthias Horx, in Wien ansässiger Trendforscher, meinte schon vor zehn Jahren eine »Respiritualisierung« beobachten zu können.[1] Der aus Österreich stammende Religionssoziologe Peter L. Berger diagnostiziert eine »De-Säkularisierung«[2] und selbst der angesehene deutsche Sozialphilosoph Jürgen Habermas spricht inzwischen von der »postsäkularen Gesellschaft«.[3]

1. Spiritualität in der Postmoderne

»Spiritualität« ist der Leitbegriff postmoderner Religiosität. Allerdings handelt es sich in seiner heutigen Bedeutung um einen recht jungen und zugleich recht unscharfen Terminus.[4] Einerseits be-

---

1. *M. Horx*, Trendbuch, Bd. 1: Der erste große deutsche Trendreport, München 1993.
2. *P.L. Berger* (Hg.), The Desecularization of the World. Resurgent Religion and World Politics, Washington 1999.
3. *J. Habermas*, Glauben und Wissen, in: Blätter für deutsche und internationale Politik 46, 2001, S. 1392-1397.
4. Zu den Begriffen »Spiritualität« und »Frömmigkeit« siehe einführend

zeichnet er die unterschiedlichen Ausformungen individueller und gemeinschaftlicher christlicher Frömmigkeit[5], andererseits wird er auch zur Kennzeichnung der mystischen Erfahrungen anderer Religionen gebraucht. Und schließlich markiert das Wort den Fluchtpunkt neuer, synkretistischer Bewegungen und die unterschiedlichsten Spielarten der uns beschäftigenden postmodernen Religiosität, die sich durch eine noch näher zu bestimmende diffuse, teils mystische, teils gnostische Sehnsucht nach Ganzheitlichkeit und spiritueller Bewußtseinserweiterung auszeichnet.

Die heutige Sehnsucht nach Spiritualität kann gedeutet werden als Unbehagen an einer reduzierten, technokratischen Rationalität, deren geistloser Materialismus das Leben mit maschinenartigen Regelkreisen verwechselt und an eine platte Diesseitigkeit fesselt. Was dem neuzeitlichen Materialismus, dem theoretischen wie dem praktischen fehlt, ist offenbar genau das, was heute recht unbestimmt als Geist bezeichnet wird. Der Geist soll dem Leben seine Lebendigkeit zurückgeben, das Getrennte verbinden und das auf vielfältige Weise an Leib und Seele beschädigte Leben heilen. Ganz in diesem Sinne versteht der renommierte Pastoraltheologe Paul-Michael Zulehner die neuen spirituellen Suchbewegungen als Protest gegen die negativen Seiten der Moderne, als Einspruch gegen die Erniedrigung und Verwertung des Menschen als Humankapital oder Biomasse. Spiritualität sei die Suche nach dem Ich, das in der modernen Gesellschaft verloren zu gehen drohe, gleichzeitig aber auch die Suche nach Verwebung und Vernetzung, ein Ausbruch aus der Vereinsamung, die eine Suche nach umfassender Heilung und nach einer Ethik der Liebe.[6]

K.-F. *Wiggermann*, Art. Spiritualität, TRE 31, Berlin/New York 2000, S. 708-717; *M. Seitz*, Art. Frömmigkeit II. Systematisch-theologisch, TRE 11, Berlin/New York 1983, S. 674-683. Weitere Literaturangaben in Kapitel VI, Anm. 1.

5. An evangelischer Literatur seien genannt: *H.-M. Barth*, Sehnsucht nach dem Heiligen. Verborgene Quellen ökumenischer Spiritualität, Stuttgart 1992; *ders.*, Spiritualität (BensH 74), Göttingen 1993; *K. Berger*, Was ist biblische Spiritualität?, Gütersloh 2000; *P. Zimmerling*, Evangelische Spiritualität. Wurzeln und Zugänge, Göttingen 2003. Weitere Literaturangaben in Kapitel VI, Anm. 2.

6. *P.-M. Zulehner*, Megatrend Religion, Die Stimmen der Zeit, 2003, S. 87-96.

Mit der Suche nach einer neuen Spiritualität verbindet sich eine neue, wenngleich noch unbestimmte Heilserwartung, nämlich die Sehnsucht nach Ganzheitlichkeit. Ersehnt wird die Wiedervereinigung des theoretisch wie praktisch Getrennten, die Überwindung aller Spielarten des Dualismus, der Trennung von Geist und Materie, von Leib und Seele, von Innen und Außen, Subjekt und Objekt, Ästhetik und Logik, von Männlichem und Weiblichem, von Mensch und Natur, Geschichte und Vernunft, von Glaube und Wissen, Menschlichem und Göttlichem, von Medizin und Religion.

Die Kritik am neuzeitlichen Dualismus, dessen erkenntnistheoretische Prämissen – ob zu Recht oder zu Unrecht, mag hier auf sich beruhen – der cartesianischen Philosophie neuzeitlicher Subjektivität angelastet werden, ist insofern zweifellos berechtigt, als Eindimensionalität die Kehrseite des separierenden Welt- und Selbstumgangs ist. Die Defizite der modernen Industriegesellschaften sind offenkundig, mag die postmoderne religiöse Sehnsucht auch seltsame Blüten treiben. Erkenntnistheoretisch wie praktisch muß um des Lebens willen die Eindimensionalität unserer technischen Kultur zugunsten eines mehrdimensionalen Denkens überwunden werden. Das »Verlangen nach Heilwerden«[7] des beschädigten Lebens ist darum nicht als solches zu denunzieren, sondern ernstzunehmen. Und selbstkritisch müssen die Kirchen einräumen, daß die begründete Sehnsucht nach heilsamen Erfahrungen des lebensspendenden Geistes, von der charismatischen Bewegung einmal abgesehen, von ihnen offenbar nur in geringem Maße gestillt wird.

Auch Kirchenmitglieder suchen nach neuen Antworten auf dem neuen Markt der spirituellen Möglichkeiten. Die EKD-Studie »Fremde Heimat Kirche« ergab vor zehn Jahren, daß heutzutage ein erheblicher Teil von Kirchenmitgliedern zwar an eine höhere Kraft glauben, aber nicht an einen Gott, wie ihn die Kirche beschreibt. In der Altersgruppe der 18- bis 39-Jährigen liegt der Anteil sogar zwischen 25 und 38 Prozent.[8] Vor allem in den Groß-

---

7. Vgl. *D. Strahm/R. Strobel* (Hg.), Vom Verlangen nach Heilwerden. Christologie in feministisch-theologischer Sicht, Freiburg/Luzern 1991.
8. Vgl. *Studien- u. Planungsgruppe der* EKD, Fremde Heimat Kirche. An-

städten, jedenfalls den westdeutschen, gibt es einen Typus von Transzendenzgläubigen, welche mit dem dogmatischen Gottes- begriff der Kirchen nichts mehr anfangen können, sondern an ei- ne transzendente Macht oder Energie glauben, die sie benennen, indem sie von einem kosmischen Geist oder vom Schicksal, von Geistern, übersinnlichen Kräften oder Energien sprechen. Sie fin- den sich außerhalb wie innerhalb der Kirchen, aus denen sie – theologisch gesehen – längst ausgewandert sind bzw. in denen sie »eine neue Konfession« darstellen.[10]

2. Moderner Synkretismus

Im allgemeinen Sprachgebrauch hat das Wort »Synkretismus« ei- nen negativen Klang. Es steht für Religionsvermischung, um nicht zu sagen Religionsmischmasch. Synkretismus in diesem Sinne gilt insbesondere als Signatur der neuen Religiosität, die seit zwei Jahrzehnten von sich reden macht. Unter der Sammelbezeichnung »Spiritualität« firmieren die unterschiedlichsten Sinnangebote, von Esoterik über Naturheilverfahren bis zu westlichen Adaptio- nen des Buddhismus. Auf dem religiösen Markt der Möglichkei- ten kann jeder nach seiner Façon selig werden und sich aus Ver- satzstücken aus unterschiedlichen Religionen seine Privatreligion zurechtzimmern.

Religionswissenschaftlich bezeichnet der Begriff »Synkretis- mus« einerseits die bewußte Harmonisierung verschiedener Reli- gionen bzw. einzelner Elemente derselben, andererseits das unge- steuerte organische Zusammenwachsen von Religionen oder religiösen Anschauungen und Praktiken.[11] Speziell die religiöse Welt der Spätantike und des Hellenismus wird in der Religions-

sichten ihrer Mitglieder. Erste Ergebnisse der dritten EKD-Umfrage, Hannover 1993, S. 14.

9. Vgl. *K.-P. Jörns*, Die neuen Gesichter Gottes. Was die Menschen heute wirklich glauben, München 1997, S. 60f.212ff.

10. K.-P. Jörns, a.a.O. (Anm. 9), S. 215.

11. Vgl. *F. Stolz*. Art. Synkretismus I. Religionsgeschichtlich, TRE 32, Berlin/ New York 2001, S. 527-530.

wissenschaft als synkretistisch bezeichnet. Der Begriff selbst ist alt. Nach Plutarch handelt es sich um ein kretisches Wort, das ursprünglich den Zusammenschluß der normalerweise zerstrittenen kretischen Gemeinden zur Verteidigung gegen einen gemeinsamen Feind bezeichnet habe.]

Die religiöse Situation der Gegenwart, d.h. in einer globalisierten Welt mit pluralistischen Gesellschaften, wird häufig mit der Welt der Spätantike verglichen, in der verschiedene Kulturen und religiöse Symbolsysteme miteinander konkurrierten und gleichzeitig mit dem Hellenismus eine Art von Einheitskultur entstand. Chancen und Gefahren des Synkretismus kennzeichnen auch die religiöse Gegenwartslage. Abgesehen davon, daß der neureligiöse Boom durch einen unauffälligen, jedoch breitenwirksamen Gewohnheitsatheismus relativiert wird, von dem später noch ausführlicher zu reden sein wird, kann man für Europa eine fortschreitende Entkirchlichung verzeichnen. Die Menschen sind nicht länger in einer geprägten religiösen und kulturellen Tradition fest verwurzelt, die von Generation zu Generation weitergegeben wird. Glaube – was auch immer man darunter heute versteht – ist Sache der persönlichen Wahl.

Während die Bindung vieler Menschen zu den Kirchen und zur christlichen Tradition abnimmt, steigt europaweit – vor allem aufgrund von Zuwanderung – die Zahl der Menschen, die einer anderen als der christlichen Religion angehören. Die meisten von ihnen sind Muslime. Während das Christentum in Europa schwächelt, ist der Islam von einem neu erwachten Selbstbewußtsein getragen. Ähnliches gilt für asiatische Religionen. So geht von den nichtchristlichen Religionen eine Faszination aus, wenn auch mit gewissen Unterschieden. Während der Islam wegen des militanten Islamismus zwiespältig bleibt, haben viele Menschen in Europa vom Buddhismus ein positives Bild. Selbst auf Kirchentagen wird der Dalai Lama als religiöser Superstar gefeiert.

Die Kirchen sind verunsichert. Einerseits bekennen sie sich zum Dialog der Religionen. Andererseits stehen sie dem neureligiösen Synkretismus mit Skepsis gegenüber. Auf der einen Seite versuchen sie auf das spirituelle Bedürfnis der Zeitgenossen zu reagieren, indem sie entsprechende Angebote in die kirchliche Arbeit zu integrieren versuchen. Auf der anderen Seite warnen sie aber vor Religionsvermischung und versuchen, ihr christliches Profil zu schärfen. Verstärkt denken die Kirchen auch über ihren missionarischen Auftrag nach, ohne daß Evangelisation und Mission gegen den notwendigen Dialog der Religionen und eine friedliche Konvivenz ausgespielt werden sollen.[12]

Was frühere Formen eines christlich motivierten Synkretismus von der heutigen Situation des Christentums unterscheidet, ist der Umstand, daß die Kirchen – jedenfalls die Volkskirchen in Europa – viel von ihrer normierenden Kraft in Glaubensfragen verloren haben.[13] Integration und Abstoßung außerchristlicher Vorstellungen in einen lebendigen christlichen Glauben lassen sich immer weniger durch eine kirchliche Dogmatik normieren, sondern erfolgen auf der Ebene individueller Aneignung und in Prozessen der Selbstbildung. Der Vertrauensverlust der Institution Kirche[14] bedeutet allerdings nicht, daß die Menschen kein Bedürfnis nach Orientierungshilfen in religiösen Fragen haben. Solche Hilfe wird aber nur dann angenommen, wenn sie nicht den Versuch einer dogmatischen Bevormundung macht.

Sollen also die Kirchen diesen Wandel der Glaubensüberzeugungen einseitig als Niedergang bewerten? Sind sie nicht besser beraten, die offenbar vorhandene religiöse Renaissance wie die Vielfalt heutiger Glaubenstypen zu bejahen, gemäß dem Wort Jesu: »Wer nicht gegen uns ist, der ist für uns« (Markus 9,40)?

Abgesehen davon, daß schon im Alten wie im Neuen Testament der Geist des jüdischen bzw. des christlichen Gottes von anderen Geistern unterschieden und zur Unterscheidung der Geister aufgerufen wird, ergibt sich bei genauerem Hinsehen ein ambiva-

12. Vgl. *U. Körtner*, Vielfalt und Verbindlichkeit. Christliche Überlieferung in der pluralistischen Gesellschaft (ThLZ.F 7), Leipzig 2002, S. 102ff.

13. Zum modernen Synkretismus siehe auch *V. Drehsen/W. Sparn* (Hg.), Im Schmelztiegel der Religionen. Konturen des modernen Synkretismus, Gütersloh 1996.

14. Bei einer in Deutschland von der Unternehmensberatung McKinsey im Jahr 2002 durchgeführten Umfrage landeten die Kirchen weit abgeschlagen hinter dem ADAC, Greenpeace oder der Bundeswehr. Vgl. *U. Schnabel*, Wie man in Deutschland glaubt, Die Zeit Nr. 1, 22.12.2003, S. 34-35, hier S. 34.

lentes Bild der gegenwärtigen religiösen Landschaft. Zwar ist eine
Zunahme des religiösen Pluralismus zu verzeichnen, und zwar
mehr in den Städten als in ländlichen Gebieten, aber mindestens
so auffällig wie der religiöse Boom ist das Massenphänomen eines
Gewohnheitsatheismus.[15] Daß die These vom Ende der Religion,
bezogen auf Mitteleuropa, insgesamt widerlegt sei, wird man so
pauschal nicht behaupten können.

Außerdem ist zu fragen, ob die neue Religiosität tatsächlich
leisten kann, was sie verspricht. Historisch betrachtet gehört sie in
die Traditionslinie der Romantik, welche nichts anderes ist als die
Kehrseite der europäischen Aufklärungskultur.[16] Ihre Kritik an
der Moderne bietet zu dieser keine wirkliche Alternative, sondern
ist ein konstitutives Element derselben. Gerade die Vorstellung
der Ganzheitlichkeit bleibt letztlich derselben Vervollkommnungs-
idee verhaftet, welche für die europäische Aufklärungskultur
kennzeichnend ist.

Letztlich handelt es sich, wie der Theologe Henning Luther gezeigt hat[17], bei der Idee der Ganzheitlichkeit um einen utopischen
Mythos, der illusionäre und ideologische Züge trägt. Mit der Idee
der Ganzheitlichkeit verbindet sich nun aber auch ein problemati-
scher Naturbegriff. Bei genauerer Betrachtung erweist sich die
moderne Spiritualität als ein Naturalismus bzw. Monismus, der
auf seine Weise nicht weniger reduktiv ist als die kritisierte tech-
nokratische Rationalität. Während z.B. auf der einen Seite die Ursachen von Krankheit einseitig im Bereich des Organischen gesucht werden, ohne die Person des Kranken und den möglichen
Sinn der Krankheit in den Blick zu nehmen, gibt es spirituelle
Sichtweisen, welche Krankheit und Gesundheit monokausal auf
psychische bzw. geistige Ursachen zurückführen. Wird aber die

---

15. Vgl. *W. Krötke*, Der Massenatheismus als Herausforderung der Kirche in
den neuen Bundesländern, WJTh 2, 1998, S. 215-228. Siehe auch *A.W.J.
Houtepen*, Gott – eine offene Frage. Gott denken in einer Zeit der Got-
tesvergessenheit, Gütersloh 1999; *U. Körtner*, Der verborgene Gott. Zur
Gotteslehre, Neukirchen-Vluyn 2000, S. 1ff.
16. Vgl. *H. Timm*, Das ästhetische Jahrzehnt. Zur Postmodernisierung der
Religion, Gütersloh 1990.
17. *H. Luther*, Leben als Fragment. Der Mythos von der Ganzheit, WzM 43,
1991, S. 262-273, hier S. 263.

Sphäre des Leiblichen einseitig als Materialisierung des Geistigen interpretiert, so führt dies faktisch zu einer gnostischen Abwertung des Leiblichen. Dadurch wird nicht nur die Selbständigkeit leiblicher Phänomene gegenüber dem, was wir Geist oder Seele nennen, bestritten, sondern auch die nach biblischer Auffassung konstitutive Unterscheidung von Schöpfer und Geschöpf.

Zurückhaltung scheint daher auch gegenüber theologischen Deutungen angebracht, welche die neue Religiosität als Wehen des Heiligen Geistes und »Sprachenfrühling« interpretieren (Hermann Timm).[18] Keineswegs betrifft der Bedeutungsverlust religiöser Sprache lediglich eine lernunwillige Universitätstheologie, welche in »Stagnationsrhetorik« erstarrt und »die eigene Sprachlosigkeit hinter irgendwelchen Orthodoxien von gestern versteckt«[19]. Das vermeintliche Frühlingswehen des Heiligen Geistes gelangt selbst bei H. Timm über goetheanische Urworte wie »Leben« nicht hinaus, bei denen das Problem nicht ihre anarchische Verweigerung gegen jeden Dogmatismus, den Timm seinen Gegnern unterstellt, sondern ihre Mehrdeutigkeit ist, die wahlweise jeden beliebigen Inhalt anzieht. Statt einer Wiederbelebung christlicher Tradition außerhalb der verfaßten Kirche erleben wir in Wahrheit einen sich rasant beschleunigenden Traditionsabbruch, und zwar, wie z.B. Detlef Pollack gezeigt hat, selbst innerhalb der Volkskirche.[20] Wo aber Begriffe christlicher Provenienz im Kontext neuer Religiosität frei flottieren, werden sie völlig eklektizistisch verwendet, um sie den Marktgesetzen des Massenkonsums entsprechend nach stetig wechselnden Bedürfnissen auf beliebige Weise mit beliebigen Versatzstücken aus anderen religiösen Traditionen zu kombinieren.[21] Ein Beispiel ist der Versuch, den öst-

---

18. Vgl. *H. Timm*, Sprachenfrühling. Perspektiven evangelisch-protestantischer Religionskultur, Stuttgart 1996. Kritisch dazu *U. Körtner*, Zwischen den Zeiten. Studien zur Zukunft der Theologie, Bielefeld 1997, S. 35ff.
19. *H. Timm*, Hebamme statt Monarchin. Für eine lebensweltlich orientierte Theologie, EK 29, 1996, S. 536-539, hier S. 536.
20. *D. Pollack*, Zur religiös-kirchlichen Lage in Deutschland nach der Wiedervereinigung. Eine religionssoziologische Analyse, ZThK 93, 1996, S. 586-615.
21. Vgl. *F. Wagner*, Möglichkeiten und Grenzen des Synkretismusbegriffs

lichen Reinkarnationsglauben mit der christlichen Auferstehungs-
hoffnung zu verbinden.

In Theologie und Kirche ist weniger von einem Sprachenfrühling als von einer Sprachnot zu spüren, die kein kurzfristiges, sondern ein epochales Phänomen ist. Bereits Dietrich Bonhoeffer hat
diese Sprachnot der christlichen Verkündigung klarsichtig analysiert. Zur Taufe seines Patenkindes Dietrich Wilhelm Rüdiger
Bethge schrieb er 1944 aus der Gestapo-Haft:

»Du wirst heute zum Christen getauft. Alle die alten großen
Worte der christlichen Verkündigung werden über die ausgesprochen und der Taufbefehl Christi wird an Dir vollzogen, ohne daß
Du etwas davon begreifst. Aber auch wir selbst sind wieder ganz
auf die Anfänge des Verstehens zurückgeworfen. Was Versöhnung
und Erlösung, was Wiedergeburt und Heiliger Geist, was Feindesliebe, Kreuz und Auferstehung, was Leben und Christus und
Nachfolge Christi heißt, das alles ist so schwer und fern, daß wir
es kaum mehr wagen, davon zu sprechen. In den überlieferten
Worten und Handlungen ahnen wir etwas ganz Neues und Um-
wälzendes, ohne es noch fassen und aussprechen zu können. Das
ist unsere eigene Schuld. Unsere Kirche, die in diesen Jahren nur
um ihre Selbsterhaltung gekämpft hat, als wäre sie ein Selbst-
zweck, ist unfähig, Träger des versöhnenden und erlösenden Wortes für die Menschen und für die Welt zu sein. Darum müssen die
früheren Worte kraftlos werden und verstummen, und unser
Christsein wird heute nur in zweierlei bestehen: im Beten und im
Tun des Gerechten unter den Menschen. Alles Denken, Reden
und Organisieren in den Dingen des Christentums muß neugebo-
ren werden aus diesem Beten und aus diesem Tun. [...] Es ist
nicht unsere Sache, den Tag vorauszusagen – aber der Tag wird
kommen –, an dem wieder Menschen berufen werden, das Wort

für die Religionstheorie, in: *V. Drehsen/W. Sparn* (Hg.), a.a.O. (Anm.
13), S. 72-117 im Anschluß an die These von P. Kondylis, wonach sich
in der Moderne der Wechsel von einer synthetisch-harmonisierenden zu
einer analytisch-kombinatorischen Denk- und Lebensweise vollzieht.
Siehe *P. Kondylis*, Der Niedergang der bürgerlichen Denk- und Lebensform. Die liberale Moderne und die massendemokratische Postmoderne, Weinheim 1991.

Gottes so auszusprechen, daß sich die Welt darunter verändert und erneuert. Es wird eine neue Sprache sein, vielleicht ganz unreligiös, aber befreiend und erlösend, wie die Sprache Jesu, daß sich die Menschen über sie entsetzen und doch von ihrer Gewalt überwunden werden, die Sprache einer neuen Gerechtigkeit und Wahrheit, die Sprache, die den Frieden Gottes mit den Menschen und das Nahen des Reiches verkündigt. [...] Bis dahin wird die Sache der Christen eine stille und verborgene sein; aber es wird Menschen geben, die beten und das Gerechte tun und auf Gottes Zeit warten.«[22]

Bonhoeffers Diagnose bezog sich auf die Zeit des Kirchenkampfes und das Versagen, das er der Kirche glaubt vorwerfen zu müssen. Sie trifft m.E. aber im Kern auch noch die gegenwärtige religiöse Lage. Bonhoeffer thematisiert das Grundproblem von Theologie und Kirche nach der Aufklärung, nämlich den mit der neuzeitlichen Entsubstantialisierung des Glaubens einhergehenden Verfall seiner Sprache. Die religiöse Sprachkrise äußert sich nicht etwa nur in hilflosen Versuchen, eine griffige, zeitgemäße Sprache christlicher Verkündigung zu finden, die auch außerhalb kirchlicher Binnenmilieus ankommt. Sie zeigt sich vor allem darin, daß die Grundbegriffe des Christentums ihre Aussagekraft verlieren. Im Kern geht es darum, daß, sprachwissenschaftlich gesprochen, die Referenz aller Rede von Gott fraglich geworden ist.

Wie von Wittgenstein und der neueren Sprachphilosophie zu lernen ist, kristallisieren sich Religionen nicht an einzelnen Wörtern, sondern bilden in sich komplexe und kohärente Sprachspiele, die jeweils Teil einer bestimmten Lebensform sind, welche umgekehrt ohne das jeweilige Sprachspiel nicht bestehen kann.[23] Ihren Sinn erhalten die einzelnen Wörter allein innerhalb des Sprachspiels, d.h. aufgrund einer bestimmten Grammatik. Wie die Lebensform einer Religion, so hat aber auch das sie strukturierende Sprachspiel für die religiösen Praktikanten einen hohen Grad an Verbindlichkeit.

22. *D. Bonhoeffer*, Widerstand und Ergebung. Briefe und Aufzeichnungen aus der Haft, hg. v. E. Bethge, Neuausgabe München ³1985, S. 327f.
23. Vgl. *L. Wittgenstein*, Philosophische Untersuchungen (stw 203), Frankfurt a.M. 1977, Teil I, § 23 (S. 23).

Die postmoderne Religiosität dagegen löst beliebig ausgewählte Elemente aus ihren jeweiligen Sprachspielen und beraubt sie damit sowohl ihres Sinnes wie ihrer Verbindlichkeit. Durch solche eklektizistische Kombinatorik werden die Sprachen der Religionen regelrecht verstümmelt, so daß sich ihr Gehalt verflüchtigt. Mit der Entwertung der Sprache wird aber auch die an sie gebundene Lebensform zum Verschwinden gebracht. Für das Christentum zeigt sich z.b., daß allenfalls das diakonische Handeln der Kirche eine gewisse Glaubwürdigkeit behält, seiner religiösen Konnotationen jedoch weitgehend entkleidet wird. [Die künstlerischen Ausdrucksformen des Christentums in Architektur, Musik und bildenden Künsten werden weithin nur noch als Stimulans für ästhetische Erlebnisse konsumiert, die wohl gern für religiöse Erfahrungen gehalten werden, als solche aber nicht schon wirklich religiös sind.] Timms These vom postmodernen Sprachenfrühling ist m.E. deshalb problematisch, weil sie letztlich nur die konsumförmige Entsubstantialisierung und Atomisierung der Glaubenssprache theologisch absegnet.

3. Säkularisierung – nur ein Mythos?

Wie weit man tatsächlich von einem Megatrend Religion in Europa sprechen kann, ist unter Religionssoziologen durchaus umstritten. Ist die Säkularisierung tatsächlich nur ein moderner Mythos, wie schon vor Jahrzehnten der Soziologe Thomas Luckmann behauptet hat? Luckmann hat die These von der »unsichtbaren Religion« aufgestellt.[24] Demnach sei Religion im Sinne eines menschlichen Grundbedürfnisses selbst noch unter der Oberfläche einer scheinbar völlig säkularisierten Gesellschaft vorhanden.

Auch andere Religionssoziologen wie Ulrich Oevermann[25] und Theologen wie Trutz Rendtorff[26] ziehen die These von der Säkula-

24. *Th. Luckmann*, Die unsichtbare Religion, Frankfurt a.M. ²1993.
25. Vgl. *U. Oevermann*, Ein Modell der Struktur von Religiosität. Zugleich ein Strukturmodell von Lebenspraxis und von sozialer Zeit, in: *M. Sahr-Wohlrab* (Hg.), Biographie und Religion. Zwischen Ritual und Selbstsuche, Frankfurt a.M./New York 1985, S. 27-102.
26. Vgl. *T. Rendtorff*, Zur Säkularisierungsproblematik. Über die Weiterent-

risierung Europas in Zweifel. Manche halten den Säkularisie-
rungsbegriff inzwischen überhaupt für ungeeignet, um moderne
Gesellschaften zu charakterisieren. Das Säkularisierungsparadig-
ma wird zunehmend durch Pluralismus- und Pluralisierungstheo-
rien verdrängt.[27]

Wer die Säkularisierung in Frage stellt, muß freilich mit einem
denkbar weiten Religionsbegriff arbeiten, der selbst noch Fußballeidenschaft, Popkultur und Kunstgenuß als quasireligös oder »religioid« interpretiert und das Phänomen Religion in der Freizeitgesell-
schaft, in der Werbung und im Wirtschaftsleben ausfindig macht.

Energisch bestritten wird das Dementi der Säkularisierung von
dem Religionssoziologen Detlef Pollack, der an der Europa-Uni-
versität in Frankfurt/Oder lehrt. Behauptungen über die Wiederkehr der Religion und einen spirituellen Megatrend hält er für
»Zeitgeststimmungen, in denen sich das Modernitätsbewußtsein
kritisch auf sich selbst wendet«[28].

Der von Kritikern der Säkularisierungsthese ins Feld geführte
Prozeß der Respiritualisierung, so Detlef Pollack, wird weithin
überschätzt. Pollack belegt seinen Einwand mit Zahlen aus
Deutschland. In den siebziger Jahren, als die neuen religiösen Bewegungen ihren ersten Aufschwung verzeichneten, traten etwa 1,5
Millionen Menschen aus der evangelischen und etwa eine halbe
Million Mitglieder aus der römisch-katholischen Kirche aus. Die
Mitgliederzahl der neuen religiösen Bewegungen belief sich Ende
des Jahrzehnts selbst bei großzügiger Schätzung auf höchstens
30.000. Das entspricht nicht einmal zwei Prozent der Verluste,
den die Kirchen in diesem Zeitraum hinnehmen mußten.

wicklung der Kirchensoziologie zur Religionssoziologie, in: Internatio-
nales Jahrbuch für Religionssoziologie 2, 1966, S. 51-70; *ders.*, Gesellschaft ohne Religion? Theologische Aspekte einer sozialtheoretischen
Kontroverse: Luhmann/Habermas, München 1975.

27. Vgl. u.a. die Arbeiten des Religionssoziologen Karl Gabriel. Siehe *K. Gabriel* (Hg.), Religiöse Individualisierung oder Säkularisierung? Biographie und Gruppe als Bezugspunkte moderner Religiosität, Gütersloh
1996; *ders.*, Christentum zwischen Tradition und Postmoderne (QD
141), Freiburg/Basel/Wien [7]2000.

28. *D. Pollack*, Säkularisierung – ein moderner Mythos? Studien zum religiösen Wandel in Deutschland, Tübingen 2003, S. 1.

Zwischen Mitgliedschaft in einer religiösen Gemeinschaft und einem allgemeinen Interesse an religiösen Fragen und Sinnangeboten muß natürlich unterschieden werden. Empirische Untersuchungen zeigen aber, daß der Anteil derer, die selbst schon Erfahrungen mit alternativen Religionspraktiken wie New Age, Zen-Buddhismus oder Esoterik gemacht haben, in Deutschland bei 15 Prozent liegt. Unter Jugendlichen ist der Anteil anscheinend größer. Rechnet man auch diejenigen hinzu, die praktische Erfahrungen mit Astrologie haben, kommt man immerhin auf 25 Prozent der Gesamtbevölkerung, die auf neue religiöse Angebote ansprechbar sind.

Bemerkenswert ist jedoch, daß Pollack einen Zusammenhang zwischen den institutionalisierten Religionsformen und individualisierten, auch synkretistischen Formen von Religiosität nachweisen kann. Je stärker sich Menschen einer traditionellen Religionsgemeinschaft, in unseren Breitengraden also vor allem einer der christlichen Kirchen, verbunden fühlen, desto wahrscheinlicher ist es, daß sie an Gott glauben oder sich als religiös verstehen.

»Religiosität«, so Pollack, »ist noch immer vor allem kirchlich bestimmt.«[29] Selbst wenn man Religion weit faßt und auch noch das Staunen über die Wunder der Natur, das Ergriffensein von einer bestimmten Musik oder das besondere Gefühl von Gemeinschaft im Gespräch hinzunimmt, sind es immer noch eher die Kirchennahen, die solche Erfahrungen als religiös empfinden. Dagegen geben viele Menschen, die aus der Kirche austreten, als Motiv an, sie brauchten in ihrem Leben keine Religion oder könnten mit dem Glauben nichts mehr anfangen.

Pollack resümiert: »Die Formen der Religion wandeln sich in den modernen Gesellschaften. Zweifellos. Aber mit dem Formenwandel geht ein Bedeutungsverlust der Religion einher, der alle ihre Dimensionen betrifft, ihre institutionelle und rituelle ebenso wie ihre individuelle und erfahrungs- und überzeugungsmäßige. Es ist einfach nicht wahr, daß die Kirchen sich leeren, aber Religion boomt.«[30]

29. D. Pollack, a.a.O. (Anm. 28), S. 137.
30. Ebd.

Auch die Arbeitsgruppe Pastoralsoziologie an der Universität Wien unter der Leitung von Paul-Michael Zulehner[31] muß einräumen, daß im substantiellen, klassischen Sinn von Religion von einem Megatrend nichts zu bemerken sei. Im Gegenteil lasse sich beobachten, wie sich Religiosität im Sinne einer bewußten und existentiellen Entscheidung für eine bestimmte Religion oder Weltanschauung verflüchtige, »verdunste« oder überhaupt ganz verschwinde.[32] Die Studiengruppe spricht aber auch von »religio potentialis«, d.h. von einer potentiellen Religiosität, die sich überall auffinden lasse. In diesem Sinne könne man sehr wohl von einem Megatrend Religion sprechen.

Zwar arbeitet auch Pollack mit einem weit gefaßten Religionsbegriff, der sich nicht auf Religionsgemeinschaften, ihre Glaubensüberzeugungen und ihre religiöse Praxis beschränkt. Was Pollack aber in Abrede stellt, ist die Unausweichlichkeit oder Notwendigkeit von Religion.

Religion, so die These Pollacks, ist eine spezifische Antwort auf die Sinnfrage bzw. auf das Kontingenzproblem unter anderen, nichtreligiösen Lösungen. Von Religion spricht Pollack, wenn versucht wird, die Kontingenzproblematik mit Hilfe der Unterscheidung von Transzendenz und Immanenz bzw. »durch Bezug auf das Unerfassbare« zu bewältigen.[33] Pollack kombiniert also einen funktionalen mit einem substantiellen Religionsbegriff, um diesen einerseits weit genug halten, andererseits aber auch eingrenzen zu können. Dies scheint mir auch für die Theologie ein fruchtbarer Ansatz zu sein.

Die neue Religiosität wird freilich durch einen massenhaften Gewohnheitsatheismus relativiert, der mit dem kirchlich repräsentierten Christentum jede Religion überhaupt verabschiedet. Dieser Gewohnheitsatheismus arbeitet sich nicht mehr wie noch vor Jahrzehnten der Protestatheismus an der Theodizeefrage ab.

---

31. Nähere Informationen im Internet unter http://www.pastoral.univie.ac.at/studien/index.htm?pages/studien/megatrend.html~mainFrame.
32. *R. Polak* (Hg.), Megatrend Religion? Neue Religiositäten in Europa, Ostfildern 2002.
33. D. Pollack, a.a.O. (Anm. 28), S. 48.

Er lebt ganz selbstverständlich ohne Gott und hat dabei nicht das Gefühl, irgend etwas zu vermissen. Nicht, daß der Gewohnheitsatheismus keine Sinnfragen kennen würde. Aber mit dem Tod und anderen Sinnwidrigkeiten kann man offenbar auch ohne Gott fertigwerden, wie schon der evangelische Dietrich Bonhoeffer in den vierziger Jahren des vergangenen Jahrhunderts hellsichtig vorausgesagt hat.[34]

Über den damit verbundenen Traditionsabbruch kann auch die Renaissance des Religiösen nicht hinwegtäuschen. Sofern nicht alles und jedes für »religioid« erklärt wird, kann man statt von einem Megatrend Religion mit gleichem Recht von einem Megatrend Gottvergessenheit sprechen.

Das Erscheinungsbild dessen, was man als religiös bezeichnen kann, folgt nicht einem einzigen Trend. Das gilt auch für das Christentum. Zwar muß man für die großen Konfessionen bzw. die Volkskirchen für Europa eine Abnahme der Mitgliedzahlen und auch der kirchlichen Bindung der verbleibenden Mitglieder sprechen. Gleichzeitig wachsen aber die Kirchen in anderen Teilen der Erde. Insbesondere charismatische und im weitesten Sinne protestantisch-fundamentalistische Kirchen haben in Lateinamerika oder Asien starken Zulauf. Evangelikalismus und charismatische Bewegung spielen auch in Mitteleuropa eine Rolle. Und schließlich bestehen zwischen der religiösen Lage in Nordamerika und in Europa erhebliche Unterschiede, auch was die Rolle von Religion in der Politik betrifft.

Worum es in den weiteren Kapiteln dieses Buches geht, ist nun aber in erster Linie nicht eine empirische religionssoziologische Untersuchung von religiösen Neuaufbrüchen und gegenläufigen Trends als vielmehr eine theologisch kritische Auseinandersetzung mit den Ambivalenzen, die hinter diesen Entwicklungen stehen. Welche orientierende Kraft hat die im Neuen Testament bezeugte Botschaft Jesu von Nazareth für den kritischen Umgang mit Religion in all ihren Facetten?

Um diese Frage zu beantworten, genügt kein religionssoziologischer oder religionswissenschaftlicher Religonsbegriff. Vielmehr

---

34. Vgl. D. Bonhoeffer, a.a.O. (Anm. 22), S. 307.

braucht man dazu auch einen theologisch-normativen Begriff von Religion, der freilich mit der Empirie vermittelt sein muß. Darum geht es im folgenden Kapitel.

II. Was ist Religion?

1. Unterschiedliche Religionsbegriffe

Die Definitionen von Religion sind Legion. Eine allgemein anerkannte Begriffsbestimmung gibt es jedoch bis heute nicht.[1] Die Etymologie ist unsicher. Cicero leitet das Wort von dem Verb »re*l*egere« ab und versteht unter Religion den Dienst der den Göttern entgegenzubringenden Verehrung. Augustin führt den Begriff auf das lateinische »re*l*igere« zurück. Religion sei demnach die Rückbindung des Menschen an Gott.

Begriffe wie »Religion« und »religiös« werden sowohl beschreibend, als auch normativ verwendet. Der Unterschied zwischen einem deskriptiven und einem normativen Religionsbegriff macht die Differenz zwischen Theologie und moderner Religionswissenschaft aus. Allerdings müssen wir uns vor dem Mißverständnis hüten, als sei die moderne Religionswissenschaft wissenschaftlich-objektiv, während christliche oder sonstige Theologie eine subjektive bzw. unwissenschaftliche Sichtweise von Religion vertrete. Denn jede Beschreibung eines Phänomens setzt ein bestimmtes Verständnis der fraglichen Sache voraus.

Überhaupt steht man als Beobachter vor dem merkwürdigen Umstand, daß ausgerechnet die moderne Religionswissenschaft den Religionsbegriff überhaupt in Frage stellt. Religionswissenschaft, so kann man ein wenig überspitzt sagen, redet heute von allem Möglichen, nur nicht von Religion.[2] Das ist durchaus ver-

1. Zum Begriff und seiner Geschichte siehe v.a. *E. Feil*, Religio, Bd. 1: Die Geschichte eines neuzeitlichen Grundbegriffs vom Frühchristentum bis zur Reformation (FKDG 36), Göttingen 1986; Bd. 2: Die Geschichte eines neuzeitlichen Grundbegriffs zwischen Reformation und Rationalismus (FKDG 70), Göttingen 1997; Bd. 3: Geschichte eines neuzeitlichen Grundbegriffs im 17. und frühen 18. Jahrhundert (FKDG 79), Göttingen 2001; *F. Wagner*, Was ist Religion? Studien zu ihrem Begriff und Thema in Geschichte und Gegenwart, Gütersloh ²1991.
2. Zur Leistungsfähigkeit heutiger Religionswissenschaft siehe auch die kri-

ständlich. Es gibt nicht *die* Religion, sondern eine Vielzahl von Religionen. Religiöse Phänomene sind aber so vielfältig und z.T. widersprüchlich, daß es mehr als gewagt erscheint, sie alle unter einen Oberbegriff zu stellen. Versuche, das allgemeine Wesen von Religion zu bestimmen, sei es philosophisch, theologisch oder religionsphänomenologisch, sind in der Religionswissenschaft weitgehend aus der Mode gekommen. Statt dessen herrschen funktionale und semiotische Begriffsdefinitionen vor.

Zu Recht weisen Religionswissenschaftler auf den christlichen und eurozentrischen Hintergrund des Religionsbegriffs hin, der in vielen Kulturräumen keine Entsprechung habe. Die Religionswissenschaftlerin Karénina Kollmar-Paulenz wendet allerdings ein, daß es nicht nur im Christentum und im von ihm geprägten Europa, sondern z.B. auch in tibetischen buddhistischen dogmatischen und polemischen Abhandlungen einen Begriff gibt, mit dessen Hilfe fremde religiöse Systeme verglichen und beschrieben werden.[3] Es wäre daher nicht sinnvoll, wollte die Religionswissenschaft auf den Religionsbegriff überhaupt verzichten.

Zwar stammt der Begriff »religio« aus der vorchristlichen römischen Kultur. Seine Blüte erlebte der zunächst zögernd vom Christentum aufgegriffene Religionsbegriff seit der Neuzeit. »Religio« war über lange Zeit ein normativer Begriff der Theologie, wobei das Christentum als Inbegriff aller wahren Religion galt. Später wanderte der Terminus in die Religionswissenschaft aus, deren Anfänge ins 18. Jahrhundert zurückreichen. Lange Zeit konnte die Religionswissenschaft jedoch ihre christlich-theologische Herkunft nicht verleugnen, ohne sich dessen methodisch immer hinreichend bewußt zu sein.

Heutzutage versteht sich die Religionswissenschaft als Kulturwissenschaft, d.h. als eine empirisch-beschreibende, aber nicht als eine normativ-urteilende Wissenschaft. Jacques Waardenburg faßt

tischen Anmerkungen von *F.W. Graf*, Die Wiederkehr der Götter. Religion in der modernen Kultur, München 2004, S. 227ff.
3. *K. Kollmar-Paulenz*, Zur Relevanz der Gottesfrage für eine transkulturell orientierte Religionswissenschaft, in: *U. Körtner* (Hg.), Gott und Götter. Die Gottesfrage in Theologie und Religionswissenschaft, Neukirchen-Vluyn 2005, S. 23-49, hier S. 42.

Religionen als »Zeichensprachen« auf [4], und der Anthropologe Cliffort Geertz interpretiert Religionen als komplexe Systeme von Zeichen und Symbolen.[5] Religiös sind Zeichen und Symbole freilich nicht an sich, sondern immer nur in einem bestimmten Kontext oder »Sprachspiel« (Wittgenstein). Was konkret als religiös zu gelten hat, hängt also immer vom Verständnis derer ab, die eine Verhaltensweise für religiös erklären. Das können zum einen die religiösen Praktikanten, das können aber auch Beobachter sein.

Teilnehmerperspektive und Beobachterperspektive müssen sich selbstverständlich nicht decken. So mag ein Religionssoziologe der Ansicht sein, daß Fußball eine moderne Form von Religion sei, während der Fan eines Bundesligavereins mit einer solchen Einordnung gar nicht einverstanden sein muß, weil er vielleicht das Gebet, den Besuch der katholischen Sonntagsmesse und vielleicht auch die Astrologie, aber keineswegs ein Fußballmatch als religiös empfindet. »Simmering gegen Kapfenberg« (Helmut Qualtinger): das ist für ihn vielleicht Brutalität, aber nicht Religion.

Was jemand unter Religion, unter Religiosität oder einem religiösen Verhalten versteht, hängt immer auch von den damit verbundenen Unterscheidungen ab. Gebräuchlich ist z.B. die Unterscheidung zwischen religiös und profan. Profan ist der ursprünglichen Bedeutung nach der Bezirk außerhalb eines Heiligtums. Aber auch diese Unterscheidung gibt es: Bei einer religionssoziologischen Umfrage am Leipziger Hauptbahnhof erklärte ein Jugendlicher, er sei nicht religiös sondern – normal. Und vielleicht denken heute auch sonst viele Menschen bei dem Wort »religiös« an besondere Verhaltensauffälligkeiten, an Ekstase und Visionen, an paranormale Phänomene wie Tischerücken und Gabelverbiegen oder an fundamentalistischen Fanatismus.

4. *J. Waardenburg*, Religionen und Religion. Systematische Einführung in die Religionswissenschaft, Berlin/New York 1986, S. 36.
5. *C. Geertz*, Religion as a Cultural System, in: *ders.*, The Interpretation of Cultures. Selected Essays, London 1993, S. 87-125.

2. Staunen

Ein rein funktionaler Religionsbegriff hat freilich mit der Schwierigkeit zu kämpfen, daß er am Ende völlig willkürlich und beliebig wird. Wir haben uns daher im vorigen Kapitel dem Vorschlag des Religionssoziologen Detlef Pollack angeschlossen, der ein funktionales mit einem substantialistischen Religionsverständnis verbindet.[6] Zugleich bestreitet er, daß Religion zum Wesen des Menschen gehöre, für eine ausgebildete Persönlichkeit also unvermeidlich sei. Wohl sei das Problem, auf das sich Religion bezieht, universell, nicht aber Religion selbst. Diese habe vielmehr als eine Lösungsmöglichkeit neben anderen zu gelten.

Das Bezugsproblem von Religion wird von vielen Religionstheoretikern in der Erfahrung von Kontingenz bzw. in der Erfahrung von Sinnwidrigkeiten gesehen. Religion ist also eine Antwort auf die Sinnfrage – allerdings nur eine neben anderen. Religion versucht die Erfahrung von Kontingenz durch Bezug auf das Unfaßbare, d.h. aber durch die Einführung der Unterscheidung zwischen Immanenz und Transzendenz zu bewältigen. Reine Transzendenz wäre für uns Menschen freilich gleichgültig. So hat z.B. Luther gesagt, Gott in seiner reinen Absolutheit gehe uns nichts an. Angehen müsse uns aber der Gott, der in Jesus Christus Mensch geworden sei und sich uns in seiner grundlosen Liebe und Barmherzigkeit zugewandt habe. Abstrakt formuliert: Nur jene Transzendenz ist für uns relevant, die sich von der Immanenz unterscheidet und doch in ihr präsent ist. Und genau darum geht es bei jeder Form von Religion: Um die Erfahrung von Transzendenz am Ort der Immanenz.

Am Anfang aller religiösen Erfahrung liegt das Staunen. Staunen aber heißt, von etwas überwältig werden. Kinder lassen sich in Erstaunen versetzen, von einem Märchen oder einem Puppenspiel, vom lichtgeschmückten Weihnachtsbaum, vom ersten Schnee ihres Lebens, vom Sturm im Herbst, von Käfern und Würmern, von Muscheln im Schlick, von der Schaufensterauslage eines Spielzeuggeschäfts.

---

6. Vgl. *D. Pollack*, Säkularisierung – ein moderner Mythos? Studien zum religiösen Wandel in Deutschland, Tübingen 2003, S. 46ff.

Erwachsene erwecken dagegen häufig – zumindest nach außen – den Eindruck, als könne sie nichts mehr in Erstaunen versetzen. Man fühlt sich mit den Dingen und Verhältnissen in der eigenen Lebenswelt hinlänglich vertraut, um vor jeder Überraschung sicher zu sein. An die Stelle des Staunens tritt die Macht der Gewohnheit.

Das Alltagsleben ist ohne solche Gewohnheit, ohne Lebens-, Seh- und Denkgewohnheiten, kaum vorstellbar. Das Leben vollzieht sich weitgehend in Üblichkeiten. Dennoch: Zur Lebendigkeit gehört die Bereitschaft, all diese Gewohnheiten immer wieder zu durchbrechen, oder besser gesagt: sich darauf einzulassen, daß sie fallweise durchbrochen werden. Lebendigkeit erweist sich darin, sich die kindliche Fähigkeit zu staunen zu bewahren. Lebendig sein heißt staunen können und offen sein für das Ungewohnte.

Wer staunt wird vom Ungewohnten überwältigt. Das Ungewohnte wundert uns. Die Begegnung mit dem Ungewohnten verläuft allerdings zwiespältig. Man kann es *be*wundern, mitunter leidenschaftlich und hingerissen. Hingabe und Ekstase gehören eigentlich in allen Religionen zu den Grundelementen religiöser Erfahrung. Das Unbekannte *ver*wundert aber auch. Derjenige, der vom Ungewohnten angegangen und überwältigt wird, ist hin- und hergerissen zwischen offener Bewunderung und heimlicher Angst.

Für die hingerissene Bewunderung wie für die zweifelnde und am Ende angsterfüllte Verwunderung gebrauchten die Griechen in der Antike ein und dasselbe Wort: *thaumázein*. Solches Sich-wundern, das *thaumázein*, hat Platon als den Anfang aller Philosophie bezeichnet. Wenn das Unvertraute, das Unbekannte, die Macht der Gewohnheit durchbricht, erscheint plötzlich alles in einem fremden Licht, drängt sich unwillkürlich die Frage auf, weshalb etwas ist und nicht vielmehr nichts.

Wo das Ungewohnte, wenn es einbricht, als Macht erfahren wird, entsteht Religion. Von dem katholischen Theologen Johann Baptist Metz stammt der einprägsame Satz, die kürzeste Formel für Religion sei Unterbrechung.[7] Der Einbruch des göttlichen

7. *J.B. Metz*, Glaube in Geschichte und Gesellschaft. Studien zu einer prak-

Heils unterbricht den Lebenszusammenhang der unerlösten Welt, die schlechte Unendlichkeit des Immer-weiter-so. Alle Religion fragt nach dem ganz Anderen, das die Macht hat, den Menschen zu überwältigen und in Begeisterung wie in Schrekken zu versetzen.

Der evangelische Theologe Rudolf Otto hat diese Ambivalenz auf die Formel vom *tremendum et fascinosum* gebracht.[8] Ein bekanntes Beispiel für diese Dialektik von Furcht und Liebe liefert Martin Luther in seiner Auslegung des Dekalogs im Kleinen Katechismus. Das erste Gebot fordert nach Luther, daß wir Gott »über alle Dinge fürchten, lieben und vertrauen« sollen. »Wir sollen Gott fürchten und lieben«: Mit dieser Wendung beginnen auch Luthers Erklärungen zu den übrigen neun Geboten.

Im Staunen haben Philosophie und Religion ihren gemeinsamen Ursprung. Führt das Staunen und die Verwunderung zum Fragen, so entsteht Philosophie. Religion aber schreitet vom Staunen zur Anbetung und Hingabe fort. Kennzeichnend für die abendländische Tradition der Philosophie ist der rationale Diskurs, das Gespräch, in welchem die Fragen, welche aufbrechen, wenn das scheinbar Selbstverständliche seine Selbstverständlichkeit verliert, durch stichhaltige Argumente beantwortet werden sollen. Religion sucht dagegen das Gespräch mit jener Seinsmacht, die in den gewohnten Alltag einbricht, und zwar in der Form des Gebets und des Kultes.

Auch der christliche Glaube beginnt mit dem Staunen. Es ist das Staunen darüber, daß das Unbekannte, welches alles Vertraute, ohne das wir doch nicht leben könnten, durchbricht, um sich selbst zu erkennen zu geben. »Die Furcht des Herrn«, heißt es

tischen Fundamentaltheologie, Mainz ⁵1992. Vgl. auch den Gedanken Eberhard Jüngels von der Offenbarung Gottes als Unterbrechung des menschlichen Lebenszusammenhangs. Siehe *E. Jüngel*, Wertlose Wahrheit. Christliche Wahrheitserfahrung im Streit gegen die »Tyrannei der Werte« in: *ders.*, Wertlose Wahrheit. Zu Identität und Relevanz des christlichen Glaubens. Theologische Erörterungen III (BEvTh 107), München 1990, S. 90-109, hier S. 100ff.

8. *R. Otto*, Das Heilige. Über das Irrationale in der Idee des Göttlichen und sein Verhältnis zum Rationalen, Breslau ⁷1922.

schon im 111. Psalm, »ist der Weisheit Anfang.« Das Christentum
teilt diese Erfahrung des Judentums. Nach christlicher Überzeugung gibt sich das Unbekannte als Macht der Liebe zu erkennen.
Liebe durchbricht die Macht der Gewohnheit, welche, wenn sie
zur Alleinherrschaft gelangt, die Macht des Todes ist. Das Unvertraute gibt sich so zu erkennen als die Macht des Lebens, welche
allererst wahrhaft lebendig macht. Sie versetzt in heilsamen Schrecken und gibt Menschen doch zugleich die Gewißheit, daß sie sich
vor nichts in der Welt fürchten müssen.

Der Glaube im christlichen Sinne staunt über die Macht der
Liebe, die sich beim Namen nennen lassen will und sich dennoch
dem menschlichen Zugriff entzieht. Sie gibt sich zu erkennen
und bewahrt doch gleichzeitig ihr Geheimnis. Darum kommt der
Glaube aus dem Staunen nicht heraus. Er bleibt bei diesem Anfang, weil der Gott, auf den er sich bezieht, immer wieder selbst
diesen Anfang neu mit den Menschen macht. Dieser täglich neue
Anfang setzt der vermeintlichen Allmacht von Gewohnheit und
Berechnung ein Ende. Die Macht der Liebe befreit aus dem harten Griff starrer Lebens- und Denkgewohnheiten. Plötzlich erscheint die Welt in einem neuen Licht. Die Kalkulationen stimmen nicht mehr; die alten Rechnungen gehen nicht länger auf.
An die Stelle von Berechnungen und Prognosen treten Erwartun-
gen und Hoffnungen. Selbstzufriedenheit weicht der Dankbarkeit.

Nicht jeder, der staunen kann, ist darum schon religiös. Und
nicht jeder der staunt, glaubt darum schon im Vollsinn des
christlichen Begriffs. Aber jeder der glaubt, gerät in Erstaunen.
Darum gilt jedem, der sich die Fähigkeit zum Staunen bewahrt
hat, Jesu Wort: »Du bist nicht ferne vom Reich Gottes« (Markus
12,34).

3. Empfänglichkeit und Dankbarkeit

Um den Gedanken der Dankbarkeit noch ein wenig weiterzufüh-
ren, erinnere ich an die klassische Religionsdefinition des großen
evangelischen Theologen Friedrich Schleiermacher (1768-1834),

Religion sei das Gefühl schlechthinniger Abhängigkeit.[9] Ich möchte diese Begriffsbestimmung ein wenig abwandeln: *Religion ist das Bewußtsein schlechthinniger Empfänglichkeit.*

Zum Menschsein gehört eine eigentümliche Grundpassivität. Sie zeigt sich nicht nur in Geburt und Tod, im Leiden, in unserer Hilfsbedürftigkeit und Verletzlichkeit, sondern vor allem in der Liebe und im Verzeihen. Das Entscheidende kann der Mensch sich selbst nicht geben: Liebe und Vergebung. Sie kann er nur als Geschenk bzw. als Gnade empfangen. Religion kultiviert die Erfahrung und das Bewußtsein unserer Empfänglichkeit. »Was hast du, das du nicht empfangen hast?«, erinnert Paulus seine Leser im 1. Korintherbrief 4,7.

Das ist nun ein dezidiert *theologischer* Begriff von Religion. In einem bekannten Adventlied Paul Gerhards (1607-1676) heißt es: »Wie soll ich dich empfangen und wie begegn ich dir, o aller Welt Verlangen, o meiner Seelen Zier?« Religiös sein bedeutet aber nicht nur, für Gott oder irgendeine Transzendenz, sondern auch für die Welt um uns herum und für unsere Mitmenschen besonders empfänglich und aufmerksam zu werden. Der Empfänglichkeit aber entspricht die Dankbarkeit. Religiös ist das Bewußtsein, das Leben und alles, was es ausmacht, nicht sich selbst zu verdanken. Und so verstehe ich Religion: als Schule meiner Empfänglichkeit und als Einübung in die Dankbarkeit.

Der hier entwickelte theologische Religionsbegriff verhält sich kritisch gegenüber der These, der Mensch sei von Natur aus religiös. Die Idee der natürlichen Religion hat in der Philosophie und Theologie der Aufklärung, aber auch schon in der älteren christlichen Tradition eine wichtige Rolle gespielt. Dabei wurde zumeist ein christlich und theistisch geprägter Religionsbegriff vorausgesetzt. Für die These von einer natürlichen religiösen Veranlagung bzw. einem natürlichen Bedürfnis des Menschen nach Religion werden nicht nur philosophisch-anthropologische Argumente ins Feld geführt, sondern auch naturwissenschaftliche bzw.

---

9. *F. Schleiermacher,* Der christliche Glaube nach den Grundsätzen der evangelischen Kirche im Zusammenhange dargestellt (²1830), 2 Bde., hg. v. M. Redeker, Berlin ⁷1960, Bd. 1, S. 23ff (§4).

biologische Indizien genannt. So stößt man auf die Behauptung, die Hirnforschung oder die Genetik liefere eine befriedigende Erklärung für das Entstehen von Religion. Was davon zu halten ist, werden wir im folgenden Kapitel sehen.

III. Gott, Gene und Gehirn

1. Steckt der Glaube in den Genen?

Im September 2004 veröffentlichte der Genetiker Dean H. Hamer sein Buch »The God Gene. How Faith is Hardwired into our Genes«.[1] Seine Thesen waren dem angesehenen Time Magazine im Oktober eine Cover-Story wert. Hamers These: Es gibt ein Gen, das darüber entscheidet, ob Menschen religiös veranlagt sind oder nicht.

Hamer stützt seine Annahme u.a. auf umfangreiche Untersuchungen der Religiosität von eineiigen Zwillingen. Auch wenn diese getrennt aufwachsen, gibt es in ihrer religiösen Entwicklung bisweilen erstaunliche Parallelen. So berichtet Hamer von Fällen, in denen Zwillinge, die voneinander nichts wußten, Nonnen oder Priester wurden. Auch sonst wird in der Zwillingsforschung darüber diskutiert, wie weit bestimmte Fähigkeiten und Dispositionen der Lebensführung genetisch bedingt sind. Das brachte Hamer auf den Gedanken, auch Religiosität könnte eine biologische Veranlagung sein.

Wenn Religion eine Sache der Gene ist, lassen sich auch Areligiosität und Atheismus biologisch erklären. Der Soziologe Max Weber (1864- 1920), von dem bedeutende Arbeiten zur Religionssoziologie stammen, erklärte sich selbst für »religiös unmusikalisch«. Der Philosoph Jürgen Habermas hat es ihm gleichgetan. Wie also kommt es, daß Kinder, die in religiös geprägten Familien aufwachsen, ganz unreligiös werden, oder umgekehrt Kinder, die in einem areligiösen Milieu aufwachsen, eine starke Religiosität entwickeln? Läßt sich das vielleicht genetisch erklären?

Derartige Überlegungen sind nicht neu. Aufsehen erregt aber die Behauptung Hamers, er habe erstmals ein ganz bestimmtes

---

1. *D.H. Hamer*, The God Gene. How Faith is Hardwired into our Genes, New York 2004.

Gen mit dem Namen VMAT2 identifizieren können, das über die Religiosität oder Areligiosität von Menschen entscheidet. VMAT2 ist für die Produktion eines Moleküls verantwortlich, das Botenstoffe im Gehirn transportiert. Solche sogenannten Neurotransmitter spielen für Bewußtseinszustände und Emotionen eine ganz wesentliche Rolle.

1998 begann Hamer seine Untersuchung mit einer Studie über Rauchen und Suchtverhalten an mehr als 1000 männlichen und weiblichen Testpersonen. Ein umfangreicher Psychotest fragte unter anderem die von Hamer so genannte Selbst-Transzendenz ab. Darunter ist die Fähigkeit zu verstehen, über seine Grenzen hinauszuwachsen, sich mit dem Universum eins zu fühlen, in bestimmten Situationen sich selbst und die eigene Umgebung völlig vergessen zu können und einen Sinn für übernatürliche Phänomene und Erklärungen zu entwickeln.

Bei Menschen mit einer überdurchschnittlichen Begabung zur Selbst-Transzendenz wies Hamer eine bestimmte Variante des Gens VMAT2 nach. Daraus schließt er nun, diese Genvariante sei für Religiosität oder Spiritualität verantwortlich. Eine einzige Abweichung an einer einzigen Base im genetischen Code könne demnach erklären, weshalb es religiös besonders veranlagte Menschen gibt. Und Hamer setzt noch einen darauf: »Buddha, Mohammed und Jesus«, so seine kühne Schlußfolgerung, »hatten alle eine Reihe mystischer Erfahrungen oder Bewußtseinsveränderungen und haben deshalb vermutlich alle dieses Gen in sich getragen.«

Ob er selbst an Gott glaubt, läßt Hamer offen. Seine Studie könne die Existenz Gottes zwar nicht beweisen, schließe sie aber auch nicht aus, so seine ausweichende Antwort. Gläubige Menschen könnten das vermeintliche Gottes-Gen als Hinweis auf die Genialität des Schöpfers deuten, der im Menschen gewissermaßen seinen genetischen Fingerprint hinterlassen hat, damit nun der Mensch seinerseits Kontakt zu Gott aufnehmen kann.

Hamers Untersuchungsergebnisse lassen sich aber auch religionskritisch deuten. Dann lautet die Frage lediglich, ob Religiosität ein evolutionärer Vorteil oder aber eine eher lebenshemmende Laune der Natur ist.

2. »Neurotheologie«

Ähnlich ambivalent sind die Ergebnisse von Hirnforschern, die sich experimentell mit religiösen Erlebnismustern befassen. Dafür hat sich die irreführende Bezeichnung »Neurotheologie« eingebürgert. Streng genommen handelt es sich hierbei gar nicht um *Theologie*, sondern um eine neurowissenschaftliche Form der Religionsforschung. Der unglückliche Begriff der Neurotheologie wurde wohl 1984 von James B. Ashbrook, einem evangelikalen Theologen geprägt.[2] Während manche Vertreter der neuen Forschungsrichtung in ihren Experimenten eine Art von Gottesbeweis sehen, folgern andere, wie das Ich sei auch Gott nur eine Illusion des menschlichen Gehirns.

Einen positiven Gottesbeweis zu führen, ist die Neurotheologie jedenfalls nicht imstande. Sie kann nicht einmal einen empirischen Beleg für die These Schleiermachers von der Religion als einer besonderen »Provinz im Gemüthe«[3] führen. Bestenfalls erlauben neurobiologische Experimente den Schluß, daß bestimmte – und zwar meditative oder mystische – religiöse Erfahrungen mit bestimmten Hirnaktivitäten korrelieren. Abgesehen davon, daß mystische Einheitserfahrungen nicht mit religiösem Erleben schlechthin gleichgesetzt werden dürfen, kann man den z.B. von Andrew Newberg[4] beschriebenen neuronalen Zuständen keine bestimmten religiösen Bewußtseinsinhalte zuordnen. Die Traditionen der großen Religionen und die zwischen ihren Formen des

2. Vgl. *F.W. Graf*, Brain me up! Gib es einen neurobiologischen Gottesbeweis?, in: *Chr. Geyer* (Hg.), Hirnforschung und Willensfreiheit. Zur Deutung der neuesten Experimente (es 2387), Frankfurt a.M. 2004, S. 143-147, hier S. 144; *B. Grom*, Neurotheologie, StZ 221 (128), 2003, S. 505-506, hier S. 505. Zum Diskussionsstand innerhalb dieser Forschungsrichtung siehe auch *R. Josef* (Hg.), Neurotheology. Brain, Science, Spirituality, Religious Experience, San Jose/Calif. 2003.
3. *F. Schleiermacher*, Über die Religion. Reden an die Gebildeten unter ihren Verächtern (1799), hg. v. G. Meckenstock, Berlin/New York 1998, S. 72 (1. Rede).
4. *A. Newberg/E. d'Aquili/V. Rause*, Der gedachte Gott. Wie Glaube im Gehirn entsteht, München 2003.

Gottesglaubens und des Gottesgedankens bestehenden Unterschiede lassen sich auf diese Weise kaum erklären.

Anders als bei Newberg, Eugene d'Auqili und Vince Rause ist Neurotheologie bei dem kanadischen Neurophysiologen Michael A. Persinger ohnehin nur eine Form der Religionskritik. Persinger hält nämlich jede religiöse Erfahrung für eine selbstinduzierte, kontrollierte Form von epileptischen Mikro-Anfällen.[5] Persingers Untersuchungen und seine Schlußfolgerungen weisen offenkundige Mängel auf. Der Hirnforscher Gerhard Roth nennt die selbsternannten Neurotheologen allesamt verächtlich »Trittbrettfahrer der Wissenschaft«[6].

Die Frage nach eine neuronalen und biologischen Basis religiöser Erlebnisse und Bewußtseinslagen ist dennoch sinnvoll. Sie kann aber nur dann wissenschaftlich sauber bearbeitet werden, wenn nicht nur Theologie und Religionswissenschaft bereit sind, naturwissenschaftliche Forschungsergebnisse zu Kenntnis zu nehmen, sondern wenn auch Naturwissenschaftler willens sind, sich entsprechende Grundkenntnisse der religionswissenschaftlichen und der theologischen Theoriebildung anzueignen.

3. Biologie der Religion

Religion gibt spezifische Antworten auf die Sinnfrage. Offenbar ist das menschliche Gehirn so beschaffen, daß es, wie der Philosoph Hans Lenk meint, »geradezu zwanghaft versucht, immer und überall Einheit herzustellen, Kohärenzen zu konstatieren oder zu konstruieren, Zusammenhänge zu sehen und zu erzeugen, zu kreieren, zu projizieren oder zu produzieren, nötigenfalls geradezu zu fingieren, zu ›erdichten‹«[7]. Religionen lassen sich in diesem Sinne als besondere Sinnkonstrukte deuten. Über deren Realitätsgehalt ist damit freilich noch gar nichts ausgesagt.

5. *M.A. Persinger*, Neuropsychological Bases of God beliefs, New York 1987.
6. *G. Roth*, Aus der Sicht des Gehirns, Frankfurt a.M. 2003, S. 182.
7. *H. Lenk*, Kleine Philosophie des Gehirns, Darmstadt 2001, S. 107.

Zur interdisziplinären Religionsforschung gehört auch die Frage nach den biologischen Grundlagen von Religion und Religiosität. Schon lange wird darüber diskutiert, daß neben der Wortsprache die Fähigkeit zur Religion ein besonderes Merkmal der menschlichen Gattung ist, wodurch sie sich von anderen biologischen Gattungen unterscheidet.

Bereits Charles Hartshorne (geb. 1897), ein Wegbereiter der nordamerikanischen Prozeßtheologie, hat erklärt, der Mensch sei das einzige »religious animal« auf Erden.[8] 1975 erschien ein Buch des britischen Biologen Alister Hardy mit dem Titel »The Biology of God – A scientist's study of man the religious animal«. Die deutsche Übersetzung trägt den Titel »Der Mensch – das betende Tier«.[9] Der Philosoph Michel de Montaigne (1533-1592) wollte allerdings durchaus offen lassen, ob nicht auch Elefanten eine religiöse Ahnung hätten, weil sie, »wenn sie sich erst verschiedentlich gewaschen und gereinigt haben, den Rüssel, wie wir die Arme heben, die aufgehende Sonne steif ansehen, und gewisse Stunden des Tages gleichsam nachdenkend und betrachtend stehen«[10].

Was wir bei Autoren wie Dean H. Hamer oder auch auf der Spielwiese der sogenannten Neurotheologie erleben, ist eine Neuauflage dessen, was in der Aufklärungszeit natürliche Theologie genannt wurde. Darunter ist der Versuch zu verstehen, jenseits aller historisch gewachsenen Religionen und ihrer sich z.T. erheblich voneinander unterscheidenden Glaubenslehren eine Art von Universalreligion zu entdecken, die sich nicht auf übernatürliche Offenbarungen, sondern auf natürliche Veranlagungen des Menschen stützt. Zu dieser gänzlich undogmatischen Religion, die keine Kirche oder sonstige Religionsgemeinschaft braucht, müßten sich alle Menschen guten Willens bekennen

8. *Ch. Hartshorne*, A Natural Theology for our Time, Las Salle 1967.
9. *A. Hardy*, Der Mensch – das betende Tier. Religiosität als Faktor der Evolution, Stuttgart 1979.
10. *M. de Montaigne*, Essais, Zürich 1992, S. 66. Vgl. dazu auch *I.U. Dalferth*, Notwendig religiös? Von der Vermeidbarkeit der Religion und der Unvermeidlichkeit Gottes, in: *F. Stolz* (Hg.), Homo naturaliter religiosus. Gehört Religion notwendig zum Mensch-Sein? (Studia religiosa Helvetica 3), Bern 1997, S. 193-218.

können, weil sie letztlich identisch ist mit einer universal gültigen vernünftigen Moral.

In diesen Bahnen bewegte sich auch Alister Hardy. Biologische Erkenntnisse, so Hardy, könnten der alten Idee einer natürlichen Theologie neue Überzeugungskraft verleihen. Ganz Naturwissenschaftler, empfahl er, den Glauben als eine Art von Experiment zu begreifen.[11] Dem zeitgenössischen Bedürfnis in westlichen Gesellschaften nach »Spiritualität« kommen solche Arbeiten aus der Feder von Naturwissenschaftlern zweifellos entgegen. Das Problem bei all diesen Versuchen besteht aber in ihrer wissenschaftlichen Unsauberkeit. So streng Naturwissenschaftler auf ihren Methoden und der Überprüfbarkeit ihrer Experimente und Hypothesen auch sein mögen, so unseriös werden häufig ihre Aussagen, wenn sie auf dem Gebiet der Geisteswissenschaften, der Theologie und der Religionswissenschaft zu dilettieren beginnen. Die Frage nach biologischen Zusammenhängen kultureller Phänomene ist nicht nur legitim, sondern auch fruchtbar. Die reduktionistische Annahme, kulturwissenschaftliche oder auch theologische Forschung und Theoriebildung lasse sich durch naturwissenschaftliche Untersuchungen ersetzen, entbehrt aber jeder vernünftigen Grundlage.

Naturwissenschaftler neigen nicht selten dazu, Wissenschaft und Wissenschaftlichkeit ganz für sich zu reklamieren und die Geisteswissenschaften, insbesondere auch die Theologie, der Unwissenschaftlichkeit zu zeihen. Dabei wird oft übersehen, daß die Geisteswissenschaften einschließlich der Philosophie und der Theologie eine eigene strenge Begriffssprache und Methodik haben, mit denen Naturwissenschaftler häufig nicht vertraut sind.

Aber auch naturwissenschaftlich betrachtet hat Hamer nur wenig zu bieten. Von seinem Gott-Gen bleibt im Text selbst nicht sehr viel übrig. Das Gen VMAT2 sei, wie Hamer auch in Interviews einräumt, lediglich die Basis für eine gewisse Geisteshaltung und Empfänglichkeit gegenüber Übernatürlichem – was immer das sein mag. Es handele sich bei VMAT2 vermutlich nur um eine von vielen Erbanlagen, die das komplexe Verhaltensmuster der

11. A. Hardy, a.a.O. (Anm. 9), S. 197ff.

Religiosität oder Spiritualität bei einem Menschen steuern. Mit anderen Worten: Nichts Genaues weiß man nicht.

4. »Religion« – »Spiritualität« – »Gott«

Autoren wie Hamer argumentieren mit einem ganz unklaren Begriff von Religion oder von Spiritualität. Sie reden unbefangen auf eine theistische Weise von Gott, wie es heute kein Religionswissenschaftler oder Theologe mehr wagen würde. Daß der Glaube an einen personhaften Gott zu den Wesensmerkmalen von Religion gehört, hat schon der evangelische Theologe Friedrich Schleiermacher (1768-1834) am Ende des 18. Jahrhunderts widerlegt. Er hat auch gezeigt, daß es sich bei der Idee einer natürlichen Religion um ein bloßes Gedankenkonstrukt abendländischer Philosophie handelt.

Hamers These vom Gott-Gen unterstellt einen einheitlichen Religionsbegriff, wie er vielleicht noch in der älteren Religionsphilosophie und Religionsphänomenologie verwendet wurde. Die moderne Religionswissenschaft hat sich aber von einem solchen essentialistischen Religionsbegriff inzwischen verabschiedet.[12] Zu unterschiedlich sind die konkreten Religionen, zu uneinheitlich ihre Riten und Praktiken, zu gegensätzlich ihre Auffassungen von der Welt, vom Menschen und von der Transzendenz, als daß man sie seriöserweise auf einen Allgemeinbegriff des vermeintlichen Wesens von Religion bringen könnte.

Nicht minder diffus ist der heute beliebte Begriff der Spiritualität.[13] Sogenannte Neurotheologen wie der Hirnforscher Andrew Newberg, welche die Korrelation von religiösen Erlebnissen mit bestimmten Gehirnaktivitäten beim Gebet von Nonnen oder bei der Meditation buddhistischer Mönche erforschen, verwenden populärwissenschaftliche Begriffe von Spiritualität oder Mystik, die keiner seriösen religionswissenschaftlichen Nachprüfung standhalten.

---

12. Vgl. oben Kapitel II.
13. Siehe dazu unten Kapitel VI.1.

Hirnforscher oder Genetiker, die sich mit religiösen Phänomenen befassen, begehen oft den alten Fehler der Religionswissenschaft und der Theologie, fremde Religionen und religiöse Erfahrungsmuster mit Hilfe von westlichen Begriffen zu interpretieren. Entgegen einer heute weit verbreiteten Ansicht sind die Unterschiede zwischen den westlichen und den östlichen Religionen gerade auf dem Gebiet der sogenannten Spiritualität besonders groß. Sucht man z.B. innerhalb der hinduistischen Traditionen nach Entsprechungen zum christlichen Begriff des Heiligen Geistes, stößt man zwar auf Begriffe wie »brahman«, »atman«, »cit« und »prana«, stellt aber rasch fest, daß es sich im Grunde um kaum Vergleichbares handelt. Ähnliches gilt vom Buddhismus oder vom Taoismus und seiner Lehre vom »Chi«.[14]

Nebulös bleibt auch der Gottesbegriff in neurowissenschaftlichen oder genetisch orientierten Studien. Eine aktuelle Zwillingsstudie am Londoner St. Thomas Hospital will herausgefunden haben, daß zwar nicht die Bereitschaft zum Kirchgang, wohl aber der Glauben an Gott vererbt werde. Projektleiter Tim Spector glaubt jedenfalls, daß sich für den Glauben an Gott ein vererbter Effekt von 40 Prozent nachweisen lasse.

Daß schon die bloße Rede von Gott kulturell vermittelt ist, daß Gottesvorstellungen geschichtlich kontingent und wandlungsfähig sind, wird dabei völlig ausgeblendet. Die z.T. erheblichen Differenzen in den Glaubenslehren der verschiedenen Religionen und selbst innerhalb des Christentums lassen sich weder genetisch noch neurobiologisch erklären. Dazu sind wir auch weiterhin auf die wissenschaftliche Theologie und auf die deskriptive Religionswissenschaft angewiesen.

---

14. Vgl. *H.-M. Barth*, Dogmatik. Evangelischer Glaube im Kontext der Weltreligionen. Ein Lehrbuch, Gütersloh 2001, S. 424ff.

IV. Religion ohne Gott

Es hat sich in den bisherigen Kapiteln gezeigt, daß zwischen Religion und Gottesglaube ein Unterschied besteht. Das gilt sowohl aus religionssoziologischer wie aus theologischer Sicht. Auch bei vielen Spielarten postmoderner Religiosität handelt es sich um Religion ohne Gott. Theologisch ist das insofern bedeutsam, als Religiosität als solche noch keine hinreichende Bedingung dafür bietet, daß im christlichen Sinne nach Gott gefragt wird. Daß die Religionsgeschichte auf das Christusereignis und die Offenbarung Gottes in ihm hinziele, ist eine christlich-theologische Deutung, aber kein religionswissenschaftlich belegbares Faktum.

Das Phänomen einer Religion ohne Gott, d.h. ohne eine personale Gottesvorstellung, ist in sich ebenfalls vieldeutig. Es kann ebenso auf die Abwesenheit personaler oder theistischer Vorstellungen zurückgeführt werden wie auf die dezidierte Abkehr von ihnen. In diesem Sinne lassen sich die unterschiedlichen Formen einer nachchristlichen Religiosität oder Spiritualität, die anstelle Gottes von kosmischen Energien sprechen, als bewußte Verabschiedung christlicher Gottesvorstellungen interpretieren.

Die Auseinandersetzung mit dem Theismus hat aber auch ihren Ort im Christentum selbst. Die christliche Theologie nach der Aufklärung – evangelisch wie katholisch – hat sich intensiv mit den Einwänden der modernen Religionskritik gegen den Theismus und ein anthropomorphes Gottesbild auseinandergesetzt. Die paradoxe Aufforderung des marxistischen Philosophen Ernst Bloch, atheistisch an Gott zu glauben, hat auch christliche Theologen wie Jürgen Moltmann oder Johann Baptist Metz bei ihrer Revision der Gotteslehre inspiriert.

Die Wiederkehr der Religion, besser gesagt das neu erwachende Interesse an Religion kann im Einzelfall ebenso sehr Ausdruck der Gottsuche wie des Gottesverlustes sein. Insofern ist Religion ohne Gott auch in theologischer Hinsicht ein ambivalentes Phänomen.

1. Gottesverlust

Die Rede von Gott ist ebensowenig unabdingbar wie die Frage nach ihm. Wohl mag es sein, daß der Mensch nicht umhin kann, nach Sinn zu fragen. Die Frage nach dem Sinn des Lebens ist aber nicht einfach mit der Gottesfrage identisch. Und nicht alle Antworten auf die Sinnfrage lassen sich als religiös bezeichnen. Religion, so sagten wir bereits, ist eine Möglichkeit neben anderen, aber nicht die einzige, Sinnfragen und Erfahrungen von Sinnwidrigkeiten zu bearbeiten.

Bei vielen neuzeitlichen Versuchen, von Gott auf Religion als Leitthema der Theologie umzuschalten, bleibt durchaus unklar, ob die Unvermeidbarkeit von Religion behauptet und aus ihr die Unvermeidbarkeit des menschlichen Gottesbezuges, oder ob aus der vom christlichen Glauben behaupteten Unvermeidbarkeit Gottes – jedenfalls für gebildete Menschen – die Unvermeidbarkeit von Religion behauptet werden soll. Weder das eine noch das andere trifft zu.[1] Davon abgesehen darf die vom Glauben behauptete Unvermeidbarkeit Gottes nicht mit der Unvermeidbarkeit der Frage nach Gott verwechselt werden.

Zu fragen ist aber auch, inwiefern ein singularischer Religionsbegriff, mit welchem nicht nur die diversen Richtungen neuprotestantischer Theologie, sondern die christliche Theologie von jeher operiert hat, der Pluralität und Partikularität konkreter Religionen gerecht wird, der sich heutige Theologie ausdrücklich zu stellen versucht. Wenn christliche Theologie in theologischer Absicht ein Wesen *der* Religion zu rekonstruieren versucht, muß doch die Frage erlaubt sein, inwiefern ein derartiger Religionsbegriff nicht nur im Dialog der Religionen, sondern auch im interdisziplinären Gespräch mit der Religionswissenschaft tatsächlich so »anschlußfähig« ist, wie seine Vertreter behaupten.

Das Denken Gottes sieht sich auf doppelte Weise herausgefordert: einerseits durch die neuzeitliche Skepsis, die an der Existenz

---

1. Vgl. dazu *I.U. Dalferth*, Notwendig religiös? Von der Vermeidbarkeit der Religion und der Unvermeidbarkeit Gottes, in: *F. Stolz* (Hg.), Homo naturaliter religiosus. Gehört Religion notwendig zum Mensch-Sein? (Studia religiosa Helvetica 3), Bern u.a. 1997, S. 193-218.

und Wirkmächtigkeit Gottes zweifelt, andererseits durch den modernen – manche würden sagen: postmodernen – religiösen Pluralismus, der ebenso gut auf eine synkretistische Religion ohne Gott wie auf eine neue Form des Polytheismus hinausläuft.

Der Begriff des Polytheismus ist allerdings religionswissenschaftlich nicht unproblematisch. Die Hindu-Religionen können z.b. nach heutigem religionswissenschaftlichem Urteil nicht pauschal als polytheistisch bezeichnet werden. Animistische oder schamanistische Religionen wiederum verehren nicht im strengen Sinne des Wortes verschiedene personal vorgestellte Gottheiten, sondern gehen gewissermaßen von der Gotthaltigkeit der Welt aus.[2] Spinozas philosophischer Gedanke des »Deus sive natura« bringt eine Grundüberzeugung zum Ausdruck, die religionsgeschichtlich tief verankert ist. Diese Sichtweise läßt sich besser als Kosmotheismus denn als Polytheismus bezeichnen.[3] Dazu paßt der neureligiöse Glaube unserer Tage an kosmische Energien und ein religiös aufgeladener Naturbegriff.

Zu den epochalen Erfahrungen und Überzeugungen der Moderne gehört allerdings die Abwesenheit des biblisch bezeugten Gottes.[4] Nach einer häufig zitierten Definition Rudolf Bultmanns ist Gott »die Alles bestimmende Wirklichkeit«[5]. Doch beruht das neuzeitliche Wirklichkeitsverständnis auf der Annahme, daß die Welt besteht und erklärbar ist, *etsi Deus non daretur.* Diese Voraussetzung der modernen Wissenschaften – und zwar der Naturwissenschaften ebenso wie der Geistes- und Kulturwissenschaften – ist vielen Menschen auch eine existentielle Gewißheit, angesichts

---

2. Vgl. dazu *H.-P. Müller*, Segen im Alten Testament. Theologische Implikationen eines halb vergessenen Themas, ZThK 87, 1990, S. 1-32, hier S. 1.

3. Vgl. *J. Assmann*, Religion und kulturelles Gedächtnis. Zehn Studien (BsR 1375), München 2000, S. 214. Der Begriff des Kosmotheismus wurde, wie Assmann belegt, bereits im 18. Jahrhundert geprägt.

4. Vgl. dazu *H. Döring*, Abwesenheit Gottes. Fragen und Antworten heutiger Theologie (KKTS 40), Paderborn 1977; *W. Pannenberg* (Hg.), Die Erfahrung der Abwesenheit Gottes in der modernen Kultur, Göttingen 1984.

5. *R. Bultmann*, Welchen Sinn hat es, von Gott zu reden? (1925), in: *ders.*, Glauben und Verstehen, Bd. I, Tübingen 1933, S. 26-37, hier S. 26.

all jener individuellen und kollektiven Erfahrungen, welche die Existenz Gottes zu widerlegen scheinen.

Der biblische Gott ist vielen Menschen zutiefst fremd geworden.[6] Für viele Menschen ist er nur noch jener »unbekannte Gott«, dem einst die Athener in ihrer polytheistischen religiösen Skepsis vorsorglich einen Altar gestiftet hatten.[7] Bestenfalls bleibt er eine ferne Erinnerung, wobei unter dem Eindruck der Theodizeefrage vor allem die dunklen Seiten dieses Gottes erinnert werden.[8] Über diesen Traditionsabbruch kann auch die behauptete Renaissance des Religiösen nicht hinwegtäuschen, weil der ihr innewohnende Polytheismus den Geltungsanspruch des Monotheismus der jüdischen und christlichen Tradition nicht weniger in Frage stellt als der Gewohnheitsatheismus.

Die Abwesenheit Gottes oder sein Verlust – Martin Heidegger hat vom »Fehl Gottes« gesprochen[9], Martin Buber von der »Gottesfinsternis«[10] – ist nicht eine vorübergehende Erscheinung, sondern gehört zu den theoretischen Voraussetzungen der Moderne. Diese beginnt nämlich ihrer inneren Logik nach damit, »daß sich der Gott des christlichen Monotheismus aus der Welt in sein Ende zurückzieht: also mit dem Ende des Monotheismus«[11]. Nach Blaise Pascal verweist die Natur »sowohl im Menschen als auch außerhalb des Menschen auf einen verlorenen Gott [un Dieu perdu]«, zugleich aber auch »auf eine verderbte Natur«[12]. Hegel sah in Pascals Aphorismus den Gedanken des

6. Von »Gottesfremdheit« spricht treffend *D. Korsch*, Dialektische Theologie nach Karl Barth, Tübingen 1996, S. 3.

7. Vgl. Act 17,23.

8. Zum biblischen Anhalt solcher Erinnerungsgeschichte vgl. *W. Dietrich/ Chr. Link*, Die dunklen Seiten Gottes. Teil I: Willkür und Gewalt, Neukirchen-Vluyn ²1997; Teil II: Allmacht und Ohnmacht, Neukirchen-Vluyn 1999.

9. *M. Heidegger*, Nietzsche, Bd. II, Pfullingen 1961, S. 394f; vgl. dazu *A. Jäger*, Gott. Nochmals Martin Heidegger, Tübingen 1978, S. 70-75.

10. *M. Buber*, Gottesfinsternis. Betrachtungen zur Beziehung zwischen Religion und Philosophie (1953), in: *ders.*, Werke I, München/Heidelberg 1962, S. 503-603.

11. *O. Marquard*, Lob des Polytheismus, in: *ders.*, Abschied vom Prinzipiellen. Philosophische Studien, Stuttgart 1981, S. 91-116, hier S. 107.

12. *B. Pascal*, Gedanken. Eine Auswahl, übers., hg. u. eingel. v. E. Wasmuth,

Todes Gottes vorweggenommen.[13] Was bei Pascal als Gefühl ausgesprochen sei, müsse die Philosophie auf den Begriff bringen.
Auch wenn das Christentum weiter fortbesteht, geht doch die
Moderne aus dem gedanklichen Scheitern des theistischen Gottes hervor. Und eben der mit der Theodizeeproblematik be-
nannte Selbstwiderspruch des Theismus, d.h. der metaphysischen Fassung des biblischen Gottesgedankens, der zu seiner
Selbstzerstörung führt, läßt sich metaphorisch als Tod Gottes bezeichnen.

Das gedankliche Scheitern des Theismus markiert den logi-
schen Anfang der Moderne, mit dem sie stets aufs neue anfängt.[14]
Der Gott des Theismus scheitert an der Theodizeefrage. Ist Gott
per definitionem das Summum bonum, also vollkommen gut,
kann er angesichts der in der Welt vorhandenen Übel offenbar
nur um den Preis seiner Nichtexistenz bestehen. Er ist, so lautet
die philosophische Diagnose, an seiner eigenen Güte gestorben.
Ebenso gut kann man sagen, Gott sei an seiner Ohnmacht zugrunde gegangen, die im Scheitern des herkömmlichen Gedan-
kens der göttlichen Allmacht zutage tritt. Der in der modernen
Theologie in unterschiedlichen Varianten vertretene Gedanke der
Ohnmacht Gottes bzw. der Ohnmacht der göttlichen Liebe und
Güte formuliert keine überzeugende Gegenthese zur traditionellen
Lehre von der Allmacht Gottes, sondern zieht aus seinem
Scheitern lediglich die innere Konsequenz. Der Philosoph Odo
Marquard hat m.E. recht mit seiner These, wonach die Depoten-
zierung Gottes im Grunde schon mit der extremen Omnipotenz-
theologie des ausgehenden Mittelalters begann; »der Weg von der
Theologie der potentia absoluta über die Theologie des Deus ab-
sonditus, des Dieu caché und die Theologie des Deus emeritus bis
zur Theologie nach dem Tode Gottes: das ist eine bemerkenswerte

Stuttgart 1956/1979, Frgm. 441 (Zählung nach der Ausgabe von L.
Brunschwicg).
13. *G.W.F. Hegel*, Glauben und Wissen, GW 4, hg. v. H. Buchner u. O. Pög-
    geler, Hamburg 1968, S. 413f.
14. Zum folgenden vgl. *U. Körtner*, Zwischen den Zeiten. Studien zur Zu-
    kunft der Theologie, Bielefeld 1997, S. 45ff; *ders.*, Der verborgene Gott.
    Zur Gotteslehre, Neukirchen-Vluyn 2000.

Sequenz; vielleicht war auch schon die Allmacht nur Ohnmacht mit anderen Mitteln.[15]

2. Religion nach der Aufklärung

Das Scheitern des vormodernen Theismus bedeutet aber nicht ohne weiteres das Ende oder Absterben jeglicher Religion. So weit ist den Kritikern an älteren Säkularisierungsthesen durchaus zuzustimmen. Religion und Gottesgedanke oder personhafte Gottesvorstellung sind nämlich zu unterscheiden. Das hat bereits der evangelische Theologie Friedrich Schleiermacher (1768-1834) in seinen berühmten Reden über die Religion (1799) gezeigt. Schleiermacher ist darin der theologische Exponent der Moderne, daß er eine Differenz zwischen Theismus und Religion aufmacht. Religion definiert er in Abgrenzung sowohl gegenüber der vormodernen kirchlichen Dogmatik wie gegenüber dem aufklärerischen philosophischen Konstrukt einer universal gültigen Religion als »Anschauen des Universums« bzw. als »Sinn und Geschmack fürs Unendliche«[16].

Für Schleiermacher ist die theistische Gottesvorstellung nichts anderes als »eine einzelne religiöse Anschauungsart« des Universums, »von der wie von jeder anderen die übrigen unabhängig sind«[17], so daß die Schlußfolgerung »›kein Gott, keine Religion‹ gar nicht stattfinden kann«[18]. Die Gottesvorstellung ist also, wie Schleiermacher argumentiert, für Religion nicht konstitutiv. »Religion haben, heißt das Universum anschauen, und auf der Art, wie Ihr es anschauet, auf dem Prinzip, welches Ihr in seinen Handlungen findet, beruht der Wert Eurer Religion. Wenn Ihr nun nicht leugnen könnt, daß sich die Idee von Gott zu jeder Anschauung des Univer-

15. *O. Marquard*, Ende des Schicksals? Einige Bemerkungen über die Unvermeidlichkeit des Unverfügbaren, in: ders., a.a.O. (Anm. 11), S. 67-90, hier S. 75.

16. *F. Schleiermacher*, Über die Religion. Reden an die Gebildeten unter ihren Verächtern, hg. v. R. Otto, Göttingen ³1913, S. 29.28.

17. F. Schleiermacher, a.a.O. (Anm. 16), S. 63.

18. A.a.O. (Anm. 16), S. 64.

sums bequemt, so müßt Ihr auch zugeben, daß eine Religion ohne Gott besser sein kann, als eine andere mit Gott.«[19]

Der Pluralismus und die neuzeitliche Privatisierung der Religion haben nach Schleiermacher ihren Grund in der unaufhebbaren Individualität menschlicher Subjektivität. Seiner Ansicht nach ist das Individuum der Ursprung aller Religion. Religionsgemeinschaften entstehen nach dieser Vorstellung durch den freiwilligen Zusammenschluß einzelner religiöser Subjekte. Weil aber unendlich viele Perspektiven auf das Universum denkbar sind, gibt es theoretisch unendlich viele Religionen, »positive Religionen«, wie Schleiermacher sie nennt. Wohl hat jede Religion ihre Zentralperspektive auf das Universum[20], aber die Vielfalt der Zentralperspektiven hebt den Gedanken einer letzten Zentralperspektive auf. Insofern nimmt Schleiermachers These, »daß es keinen bestimmten inneren Zusammenhang zwischen den verschiedenen Anschauungen und Gefühlen von Universum gibt, daß jedes einzeln für sich besteht und durch tausend zufällige Kombinationen auf jedes andere führen kann«[21], postmoderne Religionstheorien und -theologien vorweg.

Die These von der Pluralisierung oder einem Wiedererwachen der Religion in der postsäkularen Gesellschaft geht freilich bisweilen mit einem Lob des Polytheismus einher[22], das für die christliche Theologie und die Kirchen keine geringere Herausforderung als der moderne Gewohnheitsatheismus ist. Der moderne Polytheismus muß nicht die Gestalt religiöser Gottesverehrung annehmen, sondern kann auch im säkularen Inkognito eines Wertepluralismus auftreten. »Die alten vielen Götter«, schrieb bereits Max Weber, »entzaubert und daher in Gestalt unpersönlicher Mächte, entsteigen ihren Gräbern, streben nach Gewalt über unser Leben und beginnen untereinander wieder ihren ewigen Kampf.«[23]

---

19. A.a.O. (Anm. 16), S. 64f.
20. A.a.O. (Anm. 16), S. 131.
21. A.a.O. (Anm. 16), S. 128.
22. Neben O. Marquards Arbeiten vgl. auch *H. Blumenberg*, Arbeit am Mythos, Frankfurt a.M. 1979; *J.-F. Lyotard*, Das postmoderne Wissen, Wien 1986.
23. *M. Weber*, Wissenschaft als Beruf, Berlin [5]1967, S. 28.

Zwischen dem biblischen Monotheismus und einer polytheistischen bzw. einer kosmotheistischen Weltsicht besteht ein fundamentaler Gegensatz, weshalb die moderne Rede vom Tod Gottes als äußerste Zuspitzung konfligierender Geltungsansprüche keine Übertreibung darstellt. Wie sehr die Neuzeit die gedanklichen Voraussetzungen des Christentums in Frage stellt, wird klar, wenn man sich den religionsgeschichtlichen Sachverhalt bewußt macht, daß alle monotheistischen Religionen, sofern sie nicht nur einen theoretischen Monotheismus, sondern auch eine praktische Monolatrie fordern, Gegenreligionen sind. Das ist weniger eine historisch-genetische als eine vergleichend-systematische These. Entwicklungsgeschichtlich ist das Verhältnis von Polytheismus und Monotheismus komplex. Das gilt auch für die Religionsgeschichte Israels.[24] Doch in der Sicht des henotheistischen ersten Dekaloggebotes und vergleichbarer monotheistischer Religionen »gibt es keinen natürlichen oder evolutionären Weg, der vom Irrtum der Idolatrie zur Wahrheit des Monotheismus führt. Diese Wahrheit kann nur von außen kommen, durch Offenbarung.«[25]

Eben dieser Offenbarungsanspruch des Christentums, mit ihm aber auch derjenige seiner Mutterreligion, des Judentums, ist seit der Aufklärung relativiert und damit letztlich dementiert worden. »Spinozas berühmt-berüchtigte Formel *deus sive natura* lief auf eine Zerstörung nicht nur der Mosaischen Unterscheidung« zwischen wahrer und falscher Religion, »sondern der fundamentalsten aller Unterscheidungen hinaus: der zwischen Gott und Welt«[26].

Der aufgeklärte Polytheismus wie auch der Kosmotheismus unserer Tage besteht freilich in der Relativierung nicht nur des monotheistischen Gottesbegriffs, sondern auch der Religion. Nicht nur welche Religion der Mensch hat, sondern ob er über-

---

24. Vgl. *K. Koch*, Monotheismus als Sündenbock?, ThLZ 124, 1999, Sp. 874-884, hier Sp. 881f, der sich kritisch auseinandersetzt mit: *J. Assmann*, Moses der Ägypter. Entzifferung einer Gedächtnisspur, München 1998, sowie mit der englischen Fassung dieses Werkes von 1997.
25. J. Assmann, a.a.O. (Anm. 24), S. 24.
26. J. Assmann, a.a.O. (Anm. 24), S. 26.

haupt eine hat und haben muß, bleibt offen. Dies wird von denen, die glauben, einen neuen Megatrend Religion beobachten zu können, gern übersehen. Entsprechende Phänomene können aber nicht darüber hinwegtäuschen, daß der biblische Gott unserer Epoche zutiefst fremd geworden ist.

3. Das Christentum und die moderne Nachreligion der Liebe

Die moderne Religion ohne Gott, der aufgeklärte Polytheismus, hat sich zur rein diesseitsorientierten Religion irdischer Liebe gewandelt. Wie die postmoderne Philosophie einen Polytheismus ohne Religion denkt, so sollte man besser von einer *Nach*religion der Liebe sprechen,[27] handelt es sich doch um eine vollkommen traditions- und institutionslose Religion. Zu ihr muß niemand bekehrt werden oder beitreten.

Die Nachreligion der irdischen, sexuell gestimmten Liebe hat die Religion des für tot erklärten christlichen Gottes beerbt. Auch sie leidet freilich an einer grundlegenden Aporie. Der Tod des theistischen Gottes findet nämlich seine Entsprechung im Tod der irdischen Liebe, der sich unzählige Male abspielt. »Der Tod, ihr Tod bleibt für die nachreligiöse Liebe sinnleer, sinnlos. Oder genauer gesagt: er könnte nur dort durch Sinn gemildert werden, wo die Trennung ›um der Liebe willen‹, also in Eintracht vollzogen und gemeinsam verstanden wird. Mag für nachwachsende Generationen ›Liebeswechsel‹ zu einer Art Berufswechsel werden, ›Liebesmobilität‹ zu einer Unterart sozialer Mobilität, die Scheidungsdramen bislang deuten auf das Gegenteil hin. Die irdische Religion der Liebe steht unter dem Diktat der Diesseitigkeit, der Duhaftigkeit, der Konkretheit und Nachprüfbarkeit der Erfüllung, die verheißen wird. Aufschub ist letzten Endes ebensowenig möglich wie die Vermittlung über Gott oder die Vertagung des Ausgleichs auf das Leben nach dem Tode. Es fehlt das Erbarmen des

---

27. Vgl. *U. Beck*, in: *ders./E. Beck-Gernsheim*, Das ganz normale Chaos der Liebe, Frankfurt a.M. 1990, S. 233.

Jenseits, mit dem die Religionen die Konflikte und das Überbordende der Ansprüche zugleich entladen *und* erfüllen konnten – *ohne* ihr Versprechen *bar*, sozusagen in der Münze nachprüfbarer Erfahrungen, ›bezahlen‹ zu müssen.«[28]

In der Nachreligion der irdischen Liebe, die in unbeständigen und stets aufs neue scheiternden Liebesbeziehungen befolgt wird, vollendet sich der Polytheismus der Moderne und zeigt sein gnadenloses Gesicht. Vielleicht aber kann sich die christliche Botschaft noch einmal neu erschließen und die irdische Liebe von ihrer religiösen Überhöhung befreien, die sie zur unbarmherzigen Gegenreligion pervertiert – verkündigt der christliche Glaube doch einen Gott, dessen Wesen eine Liebe anderer Art ist[29], nämlich eine solche, die nicht das Ihre sucht[30].

Wenn der christliche Gottesgedanke unter gegenwärtigen Bedingungen einsichtig gemacht werden soll, so müßte es möglich sein, die Ohnmacht Gottes als die Weise der göttlichen Allmacht begreiflich zu machen – und nicht etwa umgekehrt, wie es die neuzeitliche Religionskritik sieht. Die Richtung, in welcher der Gedanke der Allmacht Gottes jenseits der Alternative von Theismus und Atheismus zu denken ist, findet sich allerdings nicht bei Schleiermacher, der den Gottesbegriff als wahlweise Bezeichnung für das Woher des religiösen Bewußtseins schlechthinniger *Abhängigkeit* interpretiert hat, sondern bei Søren Kierkegaard (1813-1855). Dieser hat in seinen Tagebüchern notiert:

»Das Höchste, was man überhaupt für ein Wesen tun kann, höher als alles, *wozu* man es machen kann, ist, es frei zu machen. Das scheint sonderbar, da Allmacht gerade abhängig machen müßte. Aber falls man Allmacht denken will, wird man sehen, daß gerade in der Allmacht zugleich die Bestimmung liegen müsse, sich selbst in der Äußerung der Allmacht wieder derart zurücknehmen zu können, daß eben deshalb das durch die Allmacht Erschaffene unabhängig sein kann. Deshalb ist es so, daß ein Mensch einen andern nicht gänzlich frei machen kann, weil der, welcher die Macht hat, selber darin gefangen ist, daß er sie hat,

---

28. U. Beck, a.a.O. (Anm. 27), S. 237.
29. Vgl. I Joh 4,16.
30. Vgl. I Kor 13,5.

und deshalb ständig doch ein verkehrtes Verhältnis zu dem bekommt, den er frei machen will. Hinzu kommt, daß in aller endlichen Macht (Begabung usw.) eine endliche Selbstliebe ist. Nur die Allmacht kann sich selbst zurücknehmen, während sie hingibt, und dies Verhältnis ist ja eben die Unabhängigkeit des Empfangenden. Gottes Allmacht ist deshalb seine Güte. Denn Güte heißt ja, alles hingeben, aber dergestalt, daß man durch allmächtiges Sichzurücknehmen den Empfangenden unabhängig macht. Alle endliche Macht macht abhängig, nur Allmacht kann unabhängig machen, kann aus Nichts hervorbringen, was dadurch Bestehen in sich selbst bekommt, daß die Allmacht sich ständig zurücknimmt.«[31]

Demnach wäre in Anbetracht des neuzeitlichen Theodizeeproblems nicht die Nichtexistenz Gottes, sondern seine Selbstbegrenzung die Bedingung seiner Güte. Sein Rückzug in sein Ende ist zu verstehen nicht als die paradoxe Bedingung für *seine* Existenz, sondern als Bedingung für *unsere* Existenz und diejenige der *Welt*. Gerade so wird menschliche Autonomie als Theonomie begreiflich: Die Bestimmung des Menschen durch Gott ist in dem Sinne die Bedingung seiner Selbstbestimmung, daß Gott selbst den Menschen zur Selbstbestimmung bestimmt. Eben damit ist Gottes Allmacht und Liebe der Grund für eine irdische Liebe, die ihrerseits den Geliebten nicht für die eigenen Bedürfnisse instrumentalisiert, die ihn sein läßt und seine Freiheit achtet, die es Menschen ermöglicht, miteinander auch in Liebesdingen barmherzig zu sein.

4. Was heißt »nach Gott fragen«?

Gleich ob vom biblischen Gott als dem fremden, unbekannten, abwesenden, verborgenen oder dunklen Gott gesprochen wird, handelt es sich um negative Gottesattribute. Es scheint, als könne

---

31. S. *Kierkegaard*, Die Tagebücher. Eine Auswahl, hg. u. übers. v. H. Gerdes, Düsseldorf/Köln 1980, S. 341 (= Papirer VII A 181). Vgl. dazu G. *Greshake*, Der Preis der Liebe. Besinnung über das Leid, Freiburg/Basel/Wien 1978, S. 33-36. Ich verdanke den Hinweis auf diese Stelle bei Kierkegaard meinem verstorbenen Wiener Kollegen Jörg Salaquarda.

vom Gott der Bibel nur noch *via negationis* gesprochen werden, eben im Modus der Verneinung. Somit entsteht eine neue Form der sogenannten negativen Theologie, deren Tradition sich bis in die Alte Kirche zurückverfolgen läßt.[32] Ihr ursprünglicher Gedanke besagt, daß sich aufgrund der Unterscheidung, der Nicht-Identität von Gott und Welt, von Schöpfer und Geschöpf, wahre Aussagen über Gott nur machen lassen, indem man sagt, was er alles nicht ist. Die Grundnegation besagt: Gott ist nicht Welt. Und nur auf diese indirekte Weise läßt sich positiv sagen, was er ist: nämlich das, was die Welt nicht ist.

In der Neuzeit ist die negative Theologie einem Wandel unterzogen. Die ihr zugrundeliegende Theodizeeproblematik besteht darin, daß sich offenbar Gott und die Welt nicht gleichzeitig bejahen lassen. Entweder wird um der Welt willen die Existenz Gottes bestritten, oder aber es wird, um der Gottheit Gottes willen die Welt verneint, wobei die Verneinung der vorfindlichen Welt nach der Aufklärung einen ethischen Zug hat. Es kommt also nicht länger darauf an, die Welt nur anders zu interpretieren, sondern sie zu verändern[33], wobei diese Aufgabe, nachdem Gott an ihr angeblich gescheitert ist, dem Menschen zufällt. Die Theodizee mutiert zur Anthropodizee. Soll dennoch vom Gott der Bibel gesprochen werden, so kann dies offenbar nur noch im Modus der Rede von seiner Abwesenheit geschehen. Seine Anwesenheit läßt sich bestenfalls in Form einer Frage zur Sprache bringen, wie es z.B. bei J.B. Metz geschieht. Angesichts der neuzeitlichen »Gotteskrise« fragt Metz: »Ist die intelligible und kommunikative, die verheißungsvolle Macht des Wortes Gott endgültig geschwunden?«[34]

Das Christentum beginnt mit dem Schrei des Gekreuzigten nach dem abwesenden Gott, der ihn verlassen hat (Markus 15,34). Dieser Schrei ist offenbar alles, was nach zweitausend Jahren von aller christlichen Gottesrede geblieben ist. Wenn alle Theologie im Gebet wurzelt und zu ihm zurückkehren soll, so ist der den Erfah-

---

32. Vgl. *J. Hochstaffl*, Negative Theologie. Ein Versuch zur Vermittlung des patristischen Begriffs, München 1976.
33. Vgl. die 11. These zu Ludwig Feuerbach von K. Marx!
34. *J.B. Metz*, Gotteskrise. Versuch zur »geistigen Situation« der Zeit, in: Diagnosen zur Zeit, Düsseldorf 1994, S. 76-92, hier S. 78.

rungen des hinter uns liegenden Jahrhunderts angemessene Modus des Gebetes offenbar die Klage[35] bis hin zum stummen Schrei dessen, dem die Stimme versagt.[36]

Heutige negative Theologie kann freilich nicht einmal mehr davon ausgehen, daß der biblische Gott noch im Modus einer offenen und offengehaltenen Frage präsent ist, wie beispielsweise die apologetische Theologie Paul Tillichs[37] oder Rudolf Bultmanns existentiale Interpretation des Neuen Testaments[38] unterstellt haben. Der hermeneutische Zirkel von Frage und Antwort wird dadurch gestört, um nicht zu sagen zerbrochen, daß die Gottesfrage in der Moderne nachchristliche Antworten gefunden hat, durch welche sogar die ursprüngliche Frage verdeckt wird. Aus der Überzeugung, bessere Antworten auf die falsch gestellten Fragen des Christentums gefunden zu haben, speist sich das Selbstbewußtsein der Neuzeit.[39] Nicht nur die christliche Antwort auf die Gottesfrage, sondern sogar diese selbst scheint in Vergessenheit zu geraten. Damit droht sich aber auch die Möglichkeit einer negativen Theologie in apologetischer Absicht zu verflüchtigen.

Die Frage nach Gott kann heute nur gestellt werden, weil bereits vor uns Menschen von Gott geredet haben. Die neutestamentlichen Texte aber tun dies so, daß sie zugleich von Jesus Christus sprechen. Wer verstehen will, welchen Sinn es hat, im christlichen Sinne von Gott zu reden, muß auch die Eigentümlichkeit der Sprachformen und Textsorten beachten, in denen dies geschieht. Die Rede von Gott und die Rede von Jesus als dem Christus bedingen einander wechselseitig. Auf diese Weise gewinnen die Rede von Gott und die Frage nach ihm ihr unverwechselbares christliches Profil. Weder kann von Gott unter Absehung

---

35. Vgl. *O. Bayer*, Theologie (HST 1), Gütersloh 1994, S. 525ff.

36. Zum Ursprung des Gebetes im Schrei vgl. auch *E. Jüngel*, Was heißt beten?, in: *ders.*, Wertlose Wahrheit. Zur Identität und Relevanz des christlichen Glaubens. Theologische Erörterungen III (BEvTh 107), München 1990, S. 397-405.

37. Siehe *P. Tillich*, Systematische Theologie, Bd. I, Stuttgart ⁵1977, S. 9-83; Bd. II, Stuttgart ⁵1977, S. 19ff.

38. Siehe *R. Bultmann*, Die Frage der natürlichen Offenbarung, in: *ders.*, Glauben und Verstehen, Bd. II, Tübingen 1952, S. 79-104.

39. Vgl. *H. Blumenberg*, Die Legitimität der Neuzeit, Frankfurt a.M. 1966.

von Christus, noch von Jesus als dem Christus unter Absehung Gottes und seines Handelns durch und an ihm gesprochen werden. Andernfalls wird Gott mit einem metaphysischen Prinzip gleichgesetzt und die Christologie zur bloßen Anthropologie reduziert.

Aus der Perspektive des christlichen Glaubens gewinnt die sogenannte Gottesfrage eine völlig andere Gestalt, weil das menschliche Subjekt der Frage nach Gott zum Objekt der Frage Gottes nach dem Menschen wird. Von Gott reden, so hat Bultmann geschrieben, heißt offenbar auf bestimmte Weise von sich selbst reden.[40] Gottes Frage nach dem sündigen Menschen ist die eigentliche Gottesfrage und des Menschen Erlösung die Antwort auf diese Frage. Es ist also der Mensch, der sich solchermaßen von Gott selbst in Frage gestellt sieht. Indem wir erkennen, wie wir von Gott erkannt sind (1. Korinther 13,12) findet die Gottesfrage ihre überraschende Antwort. Unversehens sieht sich das nach Gott fragende Subjekt selbst in Frage gestellt. Aber nicht, daß nun die abstrakte Frage nach Gott durch die nicht minder abstrakte Frage nach dem Menschen ersetzt würde. Gottes Frage lautet nicht: »Was ist der Mensch?« sondern: »Adam, wo bist du?« (1. Mose 3,9).

Das war auch die Pointe der reformatorischen Erkenntnis Luthers. Seine ursprüngliche Frage nach dem gnädigen Gott war ohnehin radikaler als die moderne Frage nach der Existenz Gottes. Doch die eigentliche Radikalität seiner reformatorischen Erkenntnis bestand darin, daß auch noch die leidenschaftliche Frage nach dem gnädigen Gott falsch gestellt ist. Sie ist nämlich immer noch eine Form der menschlichen Selbstbehauptung und sündigen Selbstbezogenheit, die am Kreuz Christi scheitert und gerichtet wird. Mit Walter Mostert gesprochen, ist die Frage: wie erdenke, wie erschaffe ich mir einen gnädigen Gott? »in anthropologischem Gewande eine theologische Frage: Gott wird als Gott gerade in der Überwindung dieser Frage identifiziert.«[41]

40. R. Bultmann, a.a.O. (Anm. 5), S. 28.
41. *W. Mostert*, Ist die Frage nach der Existenz Gottes wirklich radikaler als die Frage nach dem gnädigen Gott?; ZThK 74, 1977, S. 86-122, hier S. 109.

Gerade weil Luthers Theologie nach seiner reformatorischen Wende eben *nicht* durch die Frage nach dem gnädigen Gott charakterisiert ist, lautet die ihr gemäße Aufgabe nicht, eine der heutigen Zeit angemessene Form der Gottesfrage zu suchen, »sondern die Gottesfrage so durchzuexperimentieren, daß wir die *Frage* nach Gott als die Behinderung des Erscheinens Gottes als Gottes, und das heißt: als des gnädigen, erfahren«[42].

5. Der verborgene Gott

Unter neuzeitlichen Bedingungen hängt die Möglichkeit, von Gott zu reden, also offensichtlich nicht von einer wie auch immer gearteten Frage nach Gott ab, sondern von der Erinnerungsspur der biblisch bezeugten Gottesoffenbarung, so gewiß es keinen natürlichen oder evolutionären Weg von einem allgemeinen Religionsbegriff zum Geltungs- und Wahrheitsanspruch jedes wirklichen Monotheismus gibt. Folglich ist Offenbarung auch die Voraussetzung einer unserer Zeit angemessenen negativen Theologie. Ludwig Wittgensteins grundsätzliche philosophische Feststellung trifft auch auf den biblisch bezeugten Gott zu: »Zu einer Antwort, die man nicht aussprechen kann, kann man auch die Frage nicht aussprechen.«[43] Die Gottesfrage liegt der Offenbarung nicht voraus, sondern wird allererst durch sie in der angemessenen Weise provoziert. Andernfalls läßt sich nicht einmal die Frage nach Gott angemessen stellen. Das in Erinnerung gerufen zu haben, bleibt theologiegeschichtlich das Verdienst der Dialektischen Theologie.

Menschliche Rede von Gott, die seine Offenbarung bezeugen möchte, kann freilich mißlingen. Aus dem Mißlingen des Gotteswortes entsteht eigentlich erst die Frage nach Gott; so der evangelische Theologe Ernst Fuchs.[44] Es ist solches Mißlingen, daß Theologie und Kirche beunruhigen muß. Denn das erschüttert

---

42. W. Mostert, a.a.O. (Anm. 41), S. 119.
43. *L. Wittgenstein*, Tractatus logico-philosophicus (edition suhrkamp 12), Frankfurt a.M. ¹²1977, Nr. 6.5 (S. 114).
44. Vgl. *E. Fuchs*, Hermeneutik, Bad Cannstatt ³1963, S. 70; *H. Weder*, Neutestamentliche Hermeneutik, Zürich 1986, S. 145.

beide bis ins Mark. Verglichen mit dieser fundamentalen Gotteskrise bleibt die Debatte um den Megatrend Religion ein Oberflä-
chenphänomen.

Soll die Gottesfrage nicht ins Leere laufen, so sind sowohl die
vorhin aufgezählten negativen Gottesattribute als auch der Begriff
einer negativen Theologie von den biblischen Texten aus zu bestimmen. Dann zeigt sich, daß der der Neuzeit abhanden gekom-
mene oder fremde Gott auf ganz bestimmte, nämlich durch seine
Offenbarung bestimmte Weise verborgen ist. Die Verborgenheit
Gottes ist biblisch gleichermaßen als Modus seiner Anwesenheit
wie seiner Offenbarung zu bestimmen, wie es vor allem Martin
Luther getan hat.

Luthers Rede vom verborgenen Gott ist allerdings sehr komplex und hat im Verlauf der theologischen Entwicklung Luthers
einige Modifikationen erfahren.[45] So unterschiedlich, ja gelegentlich widersprüchlich Luthers Aussagen über den verborgenen Gott
sein mögen, so sehr ergibt sich doch ein kohärentes Gesamtbild.
Wir haben es demnach mit unterschiedlichen Näherbestimmun-
gen eines Grundgedankens zu tun, wonach Gottes Verborgenheit
nicht im Gegensatz zu seiner Offenbarung steht, sondern deren
paradoxe Erscheinungsform ist. Die ursprüngliche These Luthers
lautet: »Deus abscondit sua ut revelat – Gott verbirgt sich, um sich
zu offenbaren.«[46] Gottes Verborgenheit ist als *opus alienum*, d.h.
als sein uneigentliches Tun, auf seine Offenbarung als *opus proprium*, d.h. sein eigentliches Werk, hingeordnet. Seine Offenbarung
aber hat selbst den Charakter der Verborgenheit. Sie geschieht
stets als ein paradoxes Ineinander von Enthüllung und Verhül-
lung, wie an der Menschwerdung Christi und seinem Kreuzestod
offenbar wird: »Deus in carne absconditus est – Gott ist im Fleisch
verborgen.«[47] Luthers Lehre vom verborgenen Gott ist also streng
christologisch begründet.

Sie entspricht dem biblischen Befund. Explizit findet sich die

---

45. Zum folgenden vgl. *H. Bandt*, Luthers Lehre vom verborgenen Gott. Eine
Untersuchung zu dem offenbarungsgeschichtlichen Ansatz seiner Theologie (ThA 8), Berlin 1958.
46. WA 1, 138, 13.
47. WA 4, 7, 1.

Rede vom Deus absconditus in der Vulgata-Übersetzung von Jes
45,15: »Vere tu es Deus absconditus Deus Israhel salvator – Fürwahr, du bist ein verborgener Gott, Gott Israels, ein Retter.« Wörtlich sagt der hebräische Text, daß Gott »ein sich verbergender
Gott« ist. Gottes Verborgenheit wird also nicht als Zustand, sondern als Aktionsweise bestimmt.[48] Im Kontext der Prophetie Deu-
terojesajas besagt dieses Wort, daß Gott verborgen durch den Per-
serkönig Kyros an seinem Volk handelt und daß sich im äußeren
Geschichtsverlauf ein Wandel des göttlichen Handelns an Israel
vom Gericht zur Gnade und Erlösung vollzogen hat. Im Handeln
Gottes an Israel durch einen heidnischen (!) Herrscher »ist eine
Epoche des Gotteshandelns zu Ende gekommen, in der Gott in
seinem Wirken in der Geschichte erkennbar war«[49]. Fortan also
ist Gottes Handeln grundsätzlich unerkennbar. Erkennbar wird es
nur an einer Stelle: dort nämlich, wo Gott sich als Retter seines
Volkes erweist. Wenn der – möglicherweise nachträglich als eigen-
ständiges Wort in Jesaja 45 eingefügte – Vers Gottes Verborgenheit
preist, so nicht im Sinne einer negativen Theologie, die den Menschen zur Demut angesichts der Unerforschlichkeit der Wege Gottes anhalten will, sondern um das Amen zu jenem klaren Evangelium zu sprechen, das der Prophet Deuterojesaja seinem Volk in
der Verbannung verkündigt hat und das eine spätere Generation
tatsächlich erfüllt sah.

Ganz in diesem Sinne ergibt sich auch die christologische Bedeutung der Rede Luthers vom verborgenen Gott. Seine endgülti-
ge Erfüllung findet Jesaja 45,15 für Luther in der Menschwerdung
Christi.[50] Luthers Rede von der Verborgenheit Gottes ist also nicht
Ausdruck der Resignation, sondern im Gegenteil assertorisch, d.h.
das Amen des Glaubens auf die Zusage (promissio) des Evangeliums. Heißt es in Psalm 18,12, daß Gott sich in *Finsternis*, in
schwarzen, dicken Wolken verbirgt, so verweist Luther unter anderem auf jene Auslegungstradition, die das Psalmwort zu 1. Ti-

---

48. Zum folgenden vgl. *C. Westermann*, Das Buch Jesaja, Kapitel 40-66
    (ATD 19), Göttingen 1966, S. 137ff.
49. C. Westermann, a.a.O. (Anm. 48), S. 138.
50. So Luther in seiner Jesaja-Vorlesung 1527-1530. Vgl. H. Bandt, a.a.O.
    (Anm. 45), S. 100ff.

motheus 6,16 in Beziehung setzt. Dort aber steht zu lesen, daß Gott in einem unzugänglichen *Licht* wohnt und darum nicht zu sehen ist.

Ist Gottes Verborgenheit offenbarungstheologisch zu bestimmen, so hat dies weitreichende Konsequenzen für das Anliegen einer negativen Theologie. Ein solche läßt sich dann nämlich ebenfalls nur als Gestalt der christologisch zu begründenden Offenbarungslehre formulieren. Nur vor dem Hintergrund des biblischen Offenbarungszeugnisses und der diese wachhaltenden Erinnerung macht es überhaupt Sinn, von Gottes Abwesenheit und Verlust in der Moderne zu sprechen. Der »Fehl Gottes« (M. Heidegger) ist also nicht als Verlust einer unbestimmten Dimension des Heiligen zu erklären, sondern als Entfremdung von einem ganz bestimmten Gott, die nicht begriffen wird, solange nicht auch die menschliche Schuld an diesem epochalen Vorgang benannt und bedacht wird. Die *via negativa* kann darum nicht darin bestehen, im Wege der Nicht-Identität abstrakt von der Welt und somit indirekt von Gott zu sprechen. Sondern die Nicht-Identität von Gott und Welt ist zunächst im Modus von Klage und Buße auszusagen. Es ergibt sich dann aber auch die Möglichkeit, diese Erfahrung im Lichte eines paradoxen Offenbarungsbegriffs zu interpretieren und aufzuschließen für die Möglichkeit, daß Gott inmitten seiner Abwesenheit auf eine höchst bestimmte Weise anwesend ist, richtend und rettend zugleich.

In christologischer Perspektive sind Ursprung und Ziel negativer Theologie deutlich anders zu bestimmen als z.B. in der Tradition der Mystik des Pseudo-Dionysios vom Areopag. Nicht das *Schweigen* Gottes, sondern sein *Reden* macht Gottes Wesen aus und ist daher der Ursprung aller Theologie. Christliche Spiritualität, wie ich sie verstehe, will nicht zu jener »absoluten Urdunkelheit« aufsteigen, von welcher der Areopagite sprach. Sie will nicht in einem göttlichen Schweigen versinken, »wo wir ganz verstummen müssen, um uns still dem Unsagbaren einzufügen«[51]. In Aus-

---

51. Zitiert nach: *Dionysios Areopagita*, Mystische Theologie und andere Schriften, mit einer Probe aus der Theologie des Proklus, übers. v. W. Tritsch, München 1956, S. 168.

einandersetzung mit heutigen Formen synkretistischer Spiritualität wie mit dem modernen Gewohnheitsatheismus lebt sie von
der Hoffnung, daß Gott, der vormals geredet hat, sein in der Gegenwart erfahrbares, mehrdeutiges und abgründiges Schweigen
brechen wird, so daß wieder neu verantwortlich von Gott geredet
werden und neuer Glaube entstehen kann. Diese Hoffnung aber
gründet in der biblisch bezeugten Offenbarung. Sie ist das *historische* Apriori aller Theologie, hinter welches nicht zurückzufragen
ist nach einer »absoluten Urdunkelheit«.

Negative Theologie, wie sie hier intendiert ist, hat die Selbstoffenbarung Gottes zur positiven Voraussetzung. Der Verlust Gottes
oder seine Fremdheit wird freilich in der Gegenwart gar nicht unbedingt als solcher empfunden. Die Frage nach Gott ist immer schon
beantwortet, sein freigewordener Platz anderweitig besetzt. Die Frage nach Gott kann erst dann wieder angemessen gestellt werden,
wenn ihre vorgängigen Antworten einer theologischen Kritik unterzogen werden. Negative Theologie bedeutet darum methodisch
nicht, bei religiösen Defiziterfahrungen des modernen Menschen
anzusetzen, sondern bei seinen nachchristlichen Sinnkonstrukten,
d.h. mit den verschiedenen Formen einer Religion ohne Gott.

Negative Theologie bedarf der Ergänzung durch eine positive
Theologie, die sich kritisch mit unterschiedlichen Bestimmungen
dessen auseinandersetzt, was den Menschen unbedingt angeht
bzw. was ihm heilig und im Leben die Hauptsache ist. Die all-
gemeinste Gottesdefinition, die M. Luther gefunden hat, lautet:
»Worauf Du [...] dein Herz hängest und verlässest, das ist eigentlich Dein Gott.«[52] Dabei spielt es keine Rolle, ob dieser Lebensmit-
telpunkt als Gott bezeichnet wird oder nicht. Zur einer an Luthers
Definition anknüpfenden positiven Theologie gehört auch die of-
fensive Auseinandersetzung mit heutigen, vermeintlich aufgeklärten und säkularen Formen des Polytheismus. Wie schon religionsgeschichtlich die oftmals behauptete Toleranz polytheistischer
Religionen zu bestreiten ist[53], so auch die angebliche Toleranz des

---

52. *M. Luther*, Großer Katechismus, Erklärung zum 1. Gebot (BSLK 560,
    22-24).
53. Vgl. K. Koch, a.a.O. (Anm. 24), Sp. 879f.

säkularen Polytheismus der Moderne. Der Kampf der Werte, von dem Max Weber sprach, unterwirft den Menschen, der ihnen nachjagt, einer harten, das Leben bedrohenden Leistungsreligion.[54] Wie der religionsgeschichtliche, so ist auch der modern-säkulare Polytheismus einer theologischen Entmythologisierung und existentialen Interpretation zu unterziehen. Dann zeigt sich, daß seine unheilvolle, von seinen Verfechtern geleugnete, Wirkung »weniger in einer Aufsplitterung der göttlichen Personalität als vielmehr in einer verhängnisvollen Aufsplitterung menschlicher Existenz« besteht.[55]

Die biblische Tradition mutet uns zu, den der Moderne entschwundenen Gott als verborgenen, das heißt aber, allem Augenschein zum Trotz gegenwärtigen zu denken – vor allem aber: zu glauben. »Fürwahr, du bist ein verborgener Gott, der Gott Israels, ein Erretter!« heißt es in Jesaja 45,15. Angesichts neuzeitlicher Erfahrungen der Verborgenheit Gottes wird uns zugemutet, den biblischen Glaubenssatz beim Wort zu nehmen, d.h. aber als Verheißung zu begreifen, daß weder die moderne Skepsis noch der neureligiöse Polytheismus das letzte Wort haben werden.

---

54. So mit Recht *H. Zahrnt*, Leben – als ob es Gott gibt. Statt eines Katechismus, Taschenbuchausgabe München ²1998, S. 100f.
55. K. Koch, a.a.O. (Anm. 24), Sp. 882.

V. Religion des Wortes

Bedenkt man den hohen Stellenwert, den Ästhetik und Sinnlichkeit für die Wiederkehr der Religion spielen, scheint gerade die evangelische Variante des Christentums aufgrund seiner Wortlastigkeit besonders unattraktiv zu sein. Ist die Glaubenskrise des Protestantismus im Kern ein Medienproblem? Oder gründet sie in Tendenzen der »Selbstsäkularisierung«, von denen der evangelische Bischof Wolfgang Huber spricht? Wenn aber das Medium im Sinne der modernen Medientheorie die Botschaft ist (McLuhan), kann das Medium des Wortes nicht nach Belieben gegen andere Medien ausgetauscht werden, soll die christliche Botschaft in einer spezifischen Weise präsent werden. Mangelnde Attraktivität sagt noch nichts über die Wahrheit religiöser Geltungsansprüche aus. Die Kategorie des Wortes bleibt, so lautet im folgenden die These, für christlichen Glauben und christliche Spiritualität unaufgebbar. Es kommt aber darauf an, sich vor falschen Alternativen zwischen Wort Gottes und Religion zu hüten.

1. Theologie im Übergang

»Die ›Großen‹ in der Theologie, die im ersten und zweiten Drittel unseres Jahrhunderts bestimmend waren, sind tot«, notierte vor fast 20 Jahren der evangelische Systematiker Dietrich Ritschl. »Ihre Schulen sind zwar noch in Nachwirkungen erkennbar, aber neue Themen und Probleme, auf die sie noch nicht vorbereitet waren, treffen sie sozusagen von der Seite: die Aufrüstung in Ost und West, die Energieknappheit und das ökologische Problem, der Welthunger, die Diskriminierung von großen Minderheiten, die Befreiungsbewegungen, die Nord-Süd-Spannung, die neue ökumenische Situation, die neuen Bewegungen der historischen Weltreligionen, der Pluralismus der Philosophien und Ideologien und nicht zuletzt die wissenschaftstheoretischen Anfragen an die Theologie.«[1]

1. *D. Ritschl*, Zur Logik der Theologie, München 1984, S. 14.

Ritschl, Jahrgang 1929, gehört der Theologengeneration an, welche an den deutschsprachigen Fakultäten seit den 60er Jahren des vergangenen Jahrhunderts gelehrt hat und inzwischen im Ruhestand ist oder kurz vor der Emeritierung steht. Sein eingangs zitierter Versuch einer Standortbestimmung evangelischer Theologie atmet den Geist der 80er Jahre. Seither haben gravierende geschichtliche Umwälzungen stattgefunden, deren Folgen auch theologisch spürbar sind.[2] Die Wende des Jahres 1989 und das Ende des real existierenden Sozialismus hat z.B. die politische Theologie erheblich erschüttert. Der Geist der Utopie, der die 68er Generation beflügelte und im Osten oder in Lateinamerika nach konkreten Alternativen zum real existierenden Kapitalismus suchte, hat sich verflüchtigt, seit kühn und wohl etwas voreilig das Ende der Geschichte (Francis Fukuyama) ausgerufen wurde. Oder aber er kehrt zurück im Gewand einer neuen Technikeuphorie, die in den virtuellen Welten des Internet und der biotechnologischen Labors ihr Utopia zu finden meint und deren selbsternannte Propheten sich Post- oder Transhumanisten nennen.[3]

Globalisierung heißt das Zauberwort am Beginn des 21. Jahrhunderts. In Umrissen zeichnet sich eine neue soziale Bewegung ab, welche die totgesagte Kapitalismuskritik wieder aufleben läßt. Nachhaltigkeit ist einer ihrer Leitbegriffe. Doch wie weit er über zivilgesellschaftliche Gruppierungen innerhalb wie außerhalb der Kirchen hinaus auch die Theologie an den Universitäten beeinflussen wird, ist ungewiß.

Auch die ökumenische Lage hat sich seit den 80er Jahren stark gewandelt. Nicht erst seit »Dominus Iesus« liegt offen zutage, daß sich die ökumenische Bewegung in der Krise befindet. Von Aufbruchstimmung ist kaum etwas zu bemerken. »Konsensökumene« ist das Geschäft einzelner Experten – erwähnt sei der Ökumenische Arbeitskreis evangelischer und katholischer Theologen –,

2. Vgl. *U. Körtner*, Neuer Kulturprotestantismus? Stand und Aufgaben evangelischer Systematischer Theologie, HerKorr 55, 2001, S. 561-565.
3. Vgl. *J. Brockman* (Hg.), Die neuen Humanisten. Wissenschaft an der Grenze, Berlin 2004. Zur Kritik am Trans- oder Posthumanismus siehe *F. Muggenthaler*, Transhumanismus. Die Tiefkühlreligion, Die Zeit Nr. 42, 7.10.2004.

jedoch – sieht man einmal von der öffentlichen Kontroverse um die Unterzeichnung der »Gemeinsamen Erklärung zur Rechtfertigungslehre« ab – kein beherrschendes Thema an den evangelischen Fakultäten.

Denen weht im deutschsprachigen Raum ein rauher Wind entgegen. Sinkende Studierendenzahlen und der schwindende Einfluß der Kirchen wirken sich universitätspolitisch aus. Die theologischen Fakultäten, auch die evangelischen, müssen ihren wissenschaftlichen und gesellschaftlichen Ort neu definieren, geht es letztlich doch um handfeste Standortsicherung, um Planstellen und Ressourcen.

Das führt uns zu einem weiteren Stichwort in Ritschls Diagnose aus den 80er Jahren: Pluralismus. Wenn ein Begriff die modische Postmoderne-Debatte der letzten beiden Jahrzehnte überdauert hat, dann dieser. Pluralismustheorien sind an die Stelle der älteren Säkularisierungsdebatte getreten. Der »Abschied vom Prinzipiellen« (Odo Maquard)[4] läßt auch die evangelische Theologie nicht unbeeindruckt.[5]

Kennzeichen des modernen, reflexiven und prinzipiellen Pluralismus, seiner »Vielspältigkeit«[6], sind unter anderem die Pluralisierung des Religiösen und des Ethischen, gepaart mit einer Wiederentdeckung des Ästhetischen. Alle drei Tendenzen lassen sich auch in der protestantischen Theologie der Gegenwart beobachten. Nicht nur war diese de facto immer schon vielgestaltiger als die katholische. Vielmehr wird der Pluralismus heute geradezu als Wesenszug des Protestantismus gedeutet und theologisch begründet.

Hierbei spielt die Abkehr von der Dialektischen Theologie bzw. der Theologie des Wortes Gottes, die sich seit den 60er Jahren des

---

4. Vgl. *O. Marquard*, Abschied vom Prinzipiellen. Philosophische Studien, Stuttgart 1980.
5. Siehe dazu ausführlich *U. Körtner*, Vielfalt und Verbindlichkeit. Christliche Überlieferung in der pluralistischen Gesellschaft (ThLZ.F 7), Leipzig 2002.
6. Vgl. *T. Rendtorff*, Vielspältiges. Protestantische Beiträge zur ethischen Kultur, Stuttgart 1991, im Anschluß an *E. Troeltsch*, Grundprobleme der Ethik, in: *ders.*, Gesammelte Schriften II, Tübingen ²1922, S. 657.

vergangenen Jahrhunderts vollzogen hat, eine entscheidende Rolle. Die jüngere Theologengeneration fühlt sich nicht nur zu Schleiermacher, sondern auch zum Kulturprotestantismus des 19. Jahrhunderts hingezogen und unterzieht die jüngere Theologiegeschichte einer z.T. weitreichenden Revision. Vor allem Ernst Troeltsch steht hoch im Kurs. Christentum und Kultur sollen wieder jene Synthese bilden, die nach Ansicht der dialektischen Theologen, allen voran Karl Barth, Rudolf Bultmann, Friedrich Gogarten, Eduard Thurneysen und Emil Brunner, in der Kulturkatastrophe des 1. Weltkriegs zerbrochen war.

Auch der von der Dialektischen Theologie geächtete Begriff der Religion erfährt seine Rehabilitierung und hat den Begriff des Wortes Gottes längst als Leitbegriff evangelischer Fundamentaltheologie, der er seit den Tagen Barths und Bultmanns war, abgelöst.[7] Gegenüber den Tagen des älteren Kulturprotestantismus sind freilich gewisse Verschiebungen zu verzeichnen. Heutzutage wagt man es nicht mehr so unbefangen von der Religion und ihrem Wesen im Singular zu sprechen. Auch auf dem Gebiet der Religionen herrscht die neue Unübersichtlichkeit. Der Pluralismus der Religionen setzt sich bis in die auch auf evangelischer Seite geführte Diskussion über Legitimität und Grenzen einer pluralistischen Theologie der Religionen fort.[8]

Die Grenzen des Religiösen aber sind fließend. Der Neokulturprotestantismus sucht nach Erscheinungsformen impliziter Religion auf dem weiten Feld des Ästhetischen, in Fußballstadien oder in den individuellen Bemühungen, mit den »riskanten Freiheiten« (Ulrich Beck) zu Rande zu kommen und sich als Autor der eigenen Lebensgeschichte in den Zeiten der Flexibilisierung (Richard Sennett) zu versuchen. Dementsprechend gibt es Bemühungen, die Theologie an den Universitäten über einen kulturwissenschaftlichen Religionsbegriff zu legitimieren.[9] Gleichzeitig voll-

---

7. Siehe dazu u.a. *A. Grözinger/G. Pfleiderer* (Hg.), »Gelebte Religion« als Programmbegriff Systematischer und Praktischer Theologie (Christentum und Kultur 1), Zürich 2002.
8. Siehe z.B. *R. Bernhardt* (Hg.), Horizontüberschreitung. Die pluralistische Theologie der Religionen, Gütersloh 1991.
9. Entsprechende Überlegungen stellt beispielsweise Dietrich Korsch in sei-

zieht sich eine Wende der Religionspädagogik, bei welcher die Systematische Theologie als Bezugswissenschaft der Religionspädagogik durch Kultur- und Religionswissenschaften abgelöst wird.

2. Ethische Theologie

Zum kulturprotestantischen Erbe gehört die wissenschaftstheoretische Fundierung einer neuprotestantischen Religionstheologie in der Ethik. Schon Ernst Troeltsch hatte die Ethik zur Grundwissenschaft nicht nur der Theologie, sondern aller Wissenschaftsdisziplinen erklärt. Ihm folgend verwendet der emeritierte Münchner Systematiker Trutz Rendtorff »Ethik« als Titel für die Orientierung der Theologie an der Moderne und ihren Konstitutionsbedingungen, wogegen die Bezeichnung »Dogmatik« für das Festhalten an bzw. für die Rückwendung zum vorneuzeitlichen »klassischen« Theologiemodell steht.[10]

Nach klassischem Modell gliedert sich die evangelische Systematische Theologie in die Disziplinen der Dogmatik und der Ethik. Seit den 70er Jahren wird auch, nach katholischem Vorbild, über eine eigenständige Disziplin der Fundamentaltheologie diskutiert. Es war Gerhard Ebeling, der ihren Begriff in die evangelische Theologie übernommen hat. Bei der evangelischen Fundamentaltheologie handelt es sich um den Ausbau der sogenannten Prolegomena zur Dogmatik zu einer Wissenschaftstheorie der Theologie. Vor allem von Gerhard Sauter, dem emeritierten Dogmatiker aus Bonn, wird diese Entwicklung allerdings heftig kritisiert, weil er in ihr die Gefahr wittert, der Theologie einen sachfremden Wissenschaftsbegriff aufzuoktroyieren.[11] Seiner Ansicht nach gehören die fundamentaltheologischen Fragen wei-

ner auch für Religionspädagogen und allgemein am Christentum Interessierte geschriebenen »Dogmatik im Grundriß« an (D. *Korsch*, Dogmatik im Grundriß [UTB 2155], Tübingen 2000).
10. *T. Rendtorff*, Ethik, 2 Bde. (ThW 13), Stuttgart ²1990.
11. Vgl. *G. Sauter*, Zugänge zur Dogmatik. Elemente theologischer Urteilsbildung (UTB 2064), Göttingen 1998.

terhin in den Bereich der materialen Dogmatik. Und diese bleibt
die theologische Königsdisziplin.

Anders liegen die Dinge bei Trutz Rendtorff, nach dessen Theo-
riedesign die Unterscheidung von Dogmatik und Ethik im Konzept einer ethischen Theologie aufgehoben werden soll, welche
sich die Themenbestände traditioneller Dogmatik einverleibt und
ins Ethische transformiert. Ethik ist nach Rendtorff die »Steige-
rungsform der Theologie«, welche »die konstitutive Beziehung aller menschlichen Wirklichkeit auf Gott« zur Sprache bringe. Ethik
aber ist – gut aristotelisch – die »Theorie menschlicher Lebensführung«[12].

Derartige Versuche einer Transformation von Dogmatik in eine
umfassende Theorie des Ethischen reichen letztlich auf Immanuel
Kant und seinen Begriff der »Ethikotheologie« zurück.[13] Neben
Richard Rothe oder Ernst Troeltsch wäre für diese Traditionslinie
neuprotestantischer Theologie auch auf Fritz Buri, den inzwischen verstorbenen Schüler Albert Schweitzers, hinzuweisen –
und natürlich auf Albert Schweitzer selbst.[14]

3. Ethik und Ästhetik

Die Alternative zwischen vormoderner Dogmatik und moderner
ethischer Theologie, wie sie Trutz Rendtorff aufstellt, erweist sich
freilich als zu einfach. Kant ist weder theologisch noch philosophisch das Maß aller Dinge. Offenbar lassen sich dogmatische
Geltungsansprüche nicht auf die vage Auskunft reduzieren, alle
Ethik müsse zum Zwecke ihrer Begründbarkeit so etwas wie Glauben in Anspruch nehmen. Auch wenn darum die Dogmatik wei-

---

12. *T. Rendtorff*, Ethik, Bd. I (ThW 13,1), 1. Aufl. Stuttgart 1980, S. 14.
13. *I. Kant*, Werke V, hg. v. W. Weischedel, Darmstadt ⁵1983, S. 567ff (Kritik
    der Urteilskraft, § 86). Vgl. dazu *U. Körtner*, Ethische Theologie oder
    theologische Ethik?, in: *ders.*, Freiheit und Verantwortung. Studien zur
    Grundlegung theologischer Ethik (SThE 90), Freiburg i.Ue./Freiburg
    i.Br. 2001, S. 32ff.
14. Siehe jetzt auch *A. Schweitzer*, Werke aus dem Nachlaß, hg. v. R. Brüll-
    mann, E. Gräßer, C. Günzler, B. Kaempf, U. Körtner, U. Luz u. J. Zür-
    cher, München 1995ff.

terhin neben der Ethik ihre Eigenständigkeit behauptet, mehren
sich doch die Stimmen, welche eine radikale Transformation dog-
matischer Gehalte für unabdingbar halten. Beispielhaft ist hierfür
die Einführung in die Dogmatik von Dietrich Korsch, die über die
Kategorie des Deutens und einen Aufriß, der dem Kleinen Katechismus Martin Luthers folgt, einen dogmatische und ethische
Gehalte integrierenden Ansatz Systematischer Theologie versucht.
Neben der Hermeneutischen Theologie Bultmanns, Fuchs' und
Ebelings bezieht sich Korsch auf Ernst Cassirers Philosophie der
symbolischen Formen, die auch bei anderen evangelischen Theologen der Gegenwart (z.B. bei Enno Rudolph) starke Aufmerksamkeit findet.

Gegen die einseitige Dominanz des Ethischen richten sich auch
verschiedene Bemühungen um eine theologische Ästhetik bzw. eine ästhetische Theologie.[15] Vorreiter auf diesem Themenfeld war
der Münchner Systematiker Hermann Timm. Sein Schüler Klaas
Huizing, der sich auch als Romanautor einen Namen gemacht
hat, hat eine dreibändige »Ästhetische Theologie« veröffentlicht.[16]
Hierher gehören ferner Versuche einer rezeptionsästhetisch erneuerten Schriftlehre bzw. einer Theologie des Lesens (Huizing, Körtner, Timm, Oswald Bayer) sowie einer poetologischen Theologie
(Bayer, Körtner), die mit katholischen Positionen im Gespräch ist
(z.B. Alex Stock).[17]

15. Zur Ästhetik als Thema der Theologie siehe u.a. *H. Timm*, Das ästhetische Jahrzehnt. Zur Postmodernisierung der Religion, Gütersloh 1990;
A. Grözinger, Praktische Theologie und Ästhetik, München ²1991; *W.
Lesch* (Hg.), Theologie und ästhetische Erfahrung. Beiträge zur Begegnung von Religion und Kunst, Darmstadt 1994; *M. Zeindler*, Gott und
das Schöne. Studien zur Theologie der Schönheit (FSÖTh 68), Göttingen 1993; *A. Stock*, Poetische Dogmatik. Christologie, 2 Bde. , Paderborn
1995/96; aber auch *J. Fischer*, Glaube als Erkenntnis. Zum Wahrneh-
mungscharakter des christlichen Glaubens (BEvTh 105), München
1989.
16. *K. Huizing*, Ästhetische Theologie, 3 Bde. , Stuttgart 2000-2004.
17. Siehe dazu *K. Huizing/U. Körtner/P. Müller*, Lesen und Leben. Drei Essays zur Grundlegung einer Lesetheologie, Bielefeld 1997; *U. Körtner*
(Hg.), Poetologische Theologie. Zur ästhetischen Theorie christlicher
Sprach- und Lebensformen. Ein Werkstattbericht (Interdisziplinäre Forschung u. fächerverbindender Unterricht 2), Ludwigsfelde 1999.

Auch in diesem Diskurs wird die Notwendigkeit einer Neu-
begründung von Dogmatik gesehen. Dabei gibt es Berührungspunkte zur sprachanalytischen Diskussion. Unterschiedliche Richtungen verbindet ein Verständnis von Dogmatik als Grammatik,
sei es als Grammatik christlicher Sprach- und Lebensformen (Dalferth, George A. Lindbeck), sei es als Grammatik der Heiligen
Schrift (Bayer).

Gemeinsam ist den verschiedenen Richtungen evangelischer
Systematischer Theologie, daß sie nach wie vor die innere Einheit
von Dogmatik und Ethik betonen. Universitätspolitisch wirkt sich
dies derzeit so aus, daß der Evangelische Fakultätentag vorschlägt,
eine Gesamtprüfung in Systematischer Theologie anstelle von
zwei getrennten Prüfungen in Dogmatik und Ethik abzuhalten.
Zwar betonen die Wortführer dieses Vorschlags, der Tübinger Systematiker Eilert Herms und sein Heidelberger Kollege Wilfried
Härle, es ginge ihnen darum, gerade so den theologischen Charakter evangelischer Ethik auch universitätspolitisch zu sichern.
Kritiker argwöhnen aber nicht zu Unrecht, daß im Ergebnis die
Ethik wieder unter die einseitige Dominanz der Dogmatik gebracht werden könnte.

4. Falsche Alternativen

Die großen prägenden Gestalten des 20. Jahrhunderts sind tot, ihre Schulen Geschichte. Ihr Erbe aber wird weiterhin gepflegt. Verschiedene, z.T. erst in den letzten Jahren gegründete Gesellschaften repräsentieren die Spannweite der Traditionen, aus denen die
evangelische Theologie auch am Beginn des 21. Jahrhunderts
schöpft.[18] Daß sie sich in einem Umbruch befindet, ist offenkun-

18. Nach wie vor finden z.B. jährlich Barth-Tagungen auf dem Leuenberg
    bei Basel und in den Niederlanden statt, die in der Zeitschrift für Dia-
    lektische Theologie dokumentiert werden. In den letzten Jahren ist eine
    Reihe theologischer Gesellschaften gegründet worden, die sich einer be-
    stimmten Position oder Richtung verpflichtet fühlen, so die Ernst-
    Troeltsch-Gesellschaft (1981), die Schleiermacher-Gesellschaft (1996)
    und die Rudolf-Bultmann-Gesellschaft für Hermeneutische Theologie

dig. Gegenüber dem neo-kulturprotestantischen Geschichtsrevisionismus ist allerdings Skepsis geboten. Allein schon die Namen Bultmanns und Gogartens stehen dafür, daß zwischen den Leitbegriffen »Religion« und »Wort Gottes« keine falschen theologischen Alternativen aufgestellt werden dürfen, die nur in neue – oder alte – Aporien führen.

Theologiegeschichte präsentiert sich als eine Vielfalt von aus unterschiedlicher Perspektive erzählten Geschichten.[19] Die so bestehende »Vielspältigkeit« moderner Theologie – modern ist hier zunächst nur als Epochenbezeichnung gemeint und schließt ausgesprochen modernitätskritische Konzeptionen ein – verweist auf Problemkonstellationen, die über viel größere Zeiträume hinweg bestehen als es dem – typisch modernen – Bild von rasch veraltenden theologischen Paradigmen entspricht, auch wenn damit keineswegs der Idee einer theologia perennis das Wort geredet werden soll. Notwendig ist daher eine differenzierte Sichtweise der Theologie- und Problemgeschichte, welche aus falschen und letztlich an der Obenflächenstruktur der Probleme neuzeitlicher Theologie verweilenden Alternativen herausführt.

Dazu gehört auch die kritische Untersuchung der theologiepolitischen Prägung und Verwendung von Bezeichnungen wie »liberale« oder »dialektische Theologie«, bei denen es sich ebenso wie bei »Kulturprotestantismus« zunächst um polemische und summarische Fremdbezeichnungen handelte, die dann auch als Selbstbezeichnungen verwendet werden konnten.[20] Mit ihnen ver-

(1998). Bereits 1965 wurde die Paul-Tillich-Gesellschaft gegründet, 1972 die Internationale Bonhoeffer-Gesellschaft, und seit einigen Jahren gibt es auch eine kleine deutsche Karl-Barth-Gesellschaft.

19. Zum folgenden vgl. die Einleitung zu *U. Körtner* (Hg.), Wort Gottes – Kerygma – Religion , S. 1-25, der ich einige Auszüge entnehme.

20. Diesen theologiegeschichtlichen Sachverhalt rekonstruiert für den »Kulturprotestantismus« *F.W. Graf*, Kulturprotestantismus. Zur Begriffsgeschichte einer theologiepolitischen Chiffre, in: *H.M. Müller*, Kulturprotestantismus. Beträge zu einer Gestalt des modernen Christentums, Gütersloh 1992, S. 21-77. Zur Geschichte des Begriffes »Neuprotestantismus« siehe *H.-J. Birkner*, Über den Begriff des Neuprotestantismus, in: *ders./D. Rössler* (Hg.), Beiträge zur Theorie des neuzeitlichen Christentums (FS W. Trillhaas), Berlin 1968, S. 1-15. Zur Geschichte der Bezeich-

binden sich Theoriekonstruktionen und Selbststilisierungen, die zu gewollten Generalisierungen und vergröbernden Typisierungen führen. Dies kann freilich nicht bedeuten, die Existenz von Alternativen überhaupt zu leugnen und das theologische Konfliktpotential durch die harmonistische Sichtweise abzuschwächen, letztlich handele es sich nur um unterschiedliche Variationen desselben Grundthemas, die sich zu einem Ganzen zusammenfüge, oder den Gegensatz »positioneller« Theologien in einer »kritischen Theologie« aufzuheben.[21]

Bestehende Alternativen lassen sich auch nicht einfach dadurch überwinden, daß man beispielsweise die sachlichen Einwände der dialektischen gegen die liberale Theologie historisch neutralisiert, indem man ihnen eine lediglich zeitgeschichtlich relative Berechtigung zuerkennt.[22] Die »Entdramatisierung« theologischer Konflikte kann nicht um jeden Preis das Ziel sein, weil darin möglicherweise schon eine Unterbietung des theologisch grundlegenden Strittigseins Gottes besteht. »Religiöse Normalität«, in der man nicht durch »religiöse Virtuosen« und ihre dauernde »Unruhe und Unzufriedenheit«[23] gestört werden möchte, ist im Lichte der neutestamentlichen Botschaft ein fragwürdiger Zustand. Dieser Einwurf rechtfertigt aber nicht jede Form der Dramatisierung

nung »liberale Theologie«, siehe v.a. *H.-J. Birkner*, »Liberale Theologie« in: *M. Schmidt/G. Schwaiger* (Hg.), Kirchen und Liberalismus im 19. Jahrhundert (SThGG 19), Göttingen 1976, S. 33-42. Auch »dialektische Theologie« war nach Auskunft Barths eine der jungen Bewegung von einem außenstehenden »Zuschauer« angehängte Fremdbezeichnung (*K. Barth*, Abschied, ZZ 11, 1933, S. 536-544, hier S. 536; auch in: *J. Moltmann*, Anfänge der dialektischen Theologie II [TB 17/2], München 1977, S. 313-321, hier S. 313).

21. Vgl. *D. Rössler*, Positionelle und kritische Theologie, ZThK 67, 1970, S. 215-231.

22. So richtig *W. Härle*, Am selben Strang? Theologische Ethik und Praktische Theologie vor einer Neubestimmung des Verhältnisses des spezifisch Christlichen zum allgemein Menschlichen, in: *W. Gräb/G. Rau/H. Schmidt/J.A. van der Ven* (Hg.), Christentum und Spätmoderne. Ein internationaler Diskurs über Praktische Theologie und Ethik, Stuttgart 2000, S. 27-36, hier S. 28.

23. *F. Wagner*, Geht die Umformungskrise des deutschsprachig-modernen Protestantismus weiter?, ZNThG 2, 1995, S. 225-254, hier S. 253f.

und konfliktorientierter Selbststilisierung theologischer Konzeptionen. Gerade die vertiefte Einsicht in das Strittigsein Gottes im Kontext der Moderne führt möglicherweise zur Entschärfung theologischer Gegensätze. Sie sollen keineswegs heruntergespielt werden, reduzieren sich aber sicher nicht einfach auf die Alternative »Barth (bzw. Bultmann) oder Troeltsch«.[24] Ebenso wenig dürfen theologische Leitbegriffe wie »Religion« und »Wort Gottes« auf kurzschlüssige Weise gegeneinander ausgespielt werden.

Das Christentum ist Religion des Wortes und Glaube der christliche Begriff für Religion.[25] Kulturtheologische Konzepte, die sich als Aufgüsse kulturprotestantischer Ideen von vorgestern entpuppen, weisen keinen Weg in die Zukunft, sondern gehören zu den Erscheinungsformen der Selbstsäkularisierung von Theologie und Kirche. Die Wort-Gottes-Theologie hat Einsichten zutage gefördert, welche Theologie und Kirche nur zu ihrem Schaden vergessen können. Allerdings muß ihr Anliegen neu interpretiert und rekonstruiert werden, so daß es möglich wird, mit der Rede vom Wort Gottes einen Wahrheitsanspruch zu vertreten, der nicht in autoritäre Behauptungen umschlägt, sondern der Strittigkeit religiöser Erfahrung und ihrer unvermeidlichen Pluralität Rechnung trägt.[26]

---

24. Vgl. auch *Chr. Frey*, Brauchen wir einen neuen Kulturprotestantismus, ZEE 34, 1990, S. 3-6, hier S. 6.
25. Vgl. *W. Mostert*, Glaube – der christliche Begriff für Religion, in: *ders.*, Glaube und Hermeneutik. GAufs, hg. v. P. Bühler u. G. Ebeling, Tübingen 1998, S. 186-199, hier S. 197. Daß auch die Diskussion um die gegenwärtige Medienkultur und eine theologische Ästhetik keineswegs zur Verabschiedung der Bestimmung der evangelischen Kirche als »Kirche des Wortes« berechtigt, zeigt *J. Cornelius-Bundschuh*, Die Kirche des Wortes. Zum evangelischen Predigt- und Gemeindeverständnis (APT 39), Göttingen 2001.
26. Siehe dazu umfassend *U. Körtner*, Theologie des Wortes Gottes. Positionen – Probleme – Perspektiven, Göttingen 2001.

5. Theologischer Religionsbegriff und Religionskritik

Die Vertreter der dialektischen Theologie haben sich von der positiven Verwendung des Religionsbegriffs in der neuprotestantischen Theologie seit Schleiermacher scharf abgesetzt und die Alternative zwischen dem von Gott gewirkten Glauben und jeglicher Religion als einer menschlichen Aktivität aufgestellt. Namentlich Barth hat die Theologie nicht länger als Funktion von Religion, sondern der Kirche bestimmt und alle Formen menschlicher Religiosität einschließlich des auch von ihm als Religion bezeichneten Christentums einer gewissermaßen religiösen Religionskritik unterzogen. Denn der aktuale Glaube als Antwort auf das Wort Gottes und der durch diese bezeugten Selbstoffenbarung Gottes in Jesus Christus wird nicht nur von Religion im allgemeinen, sondern auch vom Christentum als einer Erscheinung menschlicher Geschichte trennscharf unterschieden.

Seine »Religionstheologie« in der »Kirchlichen Dogmatik« beginnt bekanntermaßen mit der schroffen These: »Religion ist *Unglaube*; Religion ist eine Angelegenheit, man muß geradezu sagen: *die* Angelegenheit des *gottlosen* Menschen.«[27] Sogleich stellt Barth klar, daß es sich bei diesem Satz um »kein religionswissenschaftliches und auch kein religionsphilosophisches Urteil« handelt, »das in irgendeinem negativen Vorurteil über das Wesen der Religion seinen Grund hätte. Es soll nicht nur irgendwelche andere mit ihrer Religion, sondern es soll auch und vor allem uns selbst als Angehörige der christlichen Religion treffen. Es formuliert das Urteil der göttlichen Offenbarung über alle Religion.«[28] Das bedeutet nun allerdings keineswegs, daß Barth den Religionsbegriff als theologische Kategorie aufgegeben hätte. Er hat allerdings nicht länger die Funktion eines theologischen Leitbegriffes. Diese wird von den Termini »Wort Gottes« und »Selbstoffenbarung Gottes« übernommen. Sie bezeichnen bei Barth die Instanz einer theologischen Letztbegründung, die keiner äußeren Rechtfertigung mehr

---

27. *K. Barth*, Die Kirchliche Dogmatik I/2, Zollikon/Zürich ⁴1948, S. 327 (Kursivierungen im Orig. gesperrt).
28. Ebd.

bedarf, sondern im Geschehen des Glaubens unmittelbare Evidenz gewinnt.

Das hindert Barth freilich nicht daran, den Religionsbegriff theologisch zu verwenden. Insofern ist es irreführend, wenn man der Barthschen Theologie mangelnde Anschlußfähigkeit oder hermetische Unzugänglichkeit vorwirft. Sehr wohl und bewußt bezieht sich Barth auf die neuprotestantische Problemlage, deutet aber den Religionsbegriff in bezeichnender Weise um. Hierbei schließt er nicht an die durch Schleiermacher aufgebrachte Unterscheidung zwischen natürlicher und positiver Religion, sondern an die altprotestantische Unterscheidung zwischen wahrer und falscher Religion an. »Keine Religion *ist* wahr. Wahr, d.h. entsprechend dem, als was sie sich gibt und wofür sie gehalten wird, kann eine Religion nur *werden*, und zwar genau so, wie der Mensch gerechtfertigt wird, nur von außen.«[29] Theologisch verwendbar bleibt der Religionsbegriff für Barth also, sofern er mit der Thematik der Rechtfertigungslehre verknüpft wird. »Es gibt eine wahre Religion: genau so, wie es gerechtfertigte Sünder gibt. Indem wir streng und genau in dieser Analogie bleiben – und sie ist mehr als eine Analogie, sie ist im umfassendsten Sinn die Sache selbst, um die es hier geht – dürfen wir nicht zögern es auszusprechen: *die christliche Religion ist die wahre Religion.*«[30] Die Implikationen und Konsequenzen dieser Argumentation sollen hier nicht weiter verfolgt werden. Uns interessiert an dieser Stelle nur, daß und wie von der Thematik des Wortes Gottes aus die Religionsthematik bei Barth keineswegs nur in Abgrenzung vom Neuprotestantismus, sondern sehr wohl auch positiv aufgegriffen wird.

Der »undogmatische« Religionsbegriff »liberaler« Theologie steht im Hintergrund der Überlegungen Dietrich Bonhoeffers gegen Ende seines kurzen Lebens zur Religionskritik, zu einem vermeintlich heraufziehenden religionslosen Zeitalter, zur Möglichkeit eines religionslosen Christentums sowie einer nicht-religiösen Interpretation biblischer Begriffe.[31] Bonhoeffer verfolgt die Spur einer theologischen Rezeption der Religionskritik Feuerbachs und Nietz-

29. K. Barth, a.a.O. (Anm. 27), S. 356.
30. K. Barth, a.a.O. (Anm. 27), S. 357.
31. Vgl. *D. Bonhoeffer*, Widerstand und Ergebung. Briefe und Aufzeichnun-

sches, die von Barth eingeleitet wurde. Religion steht bei Bonhoeffer für eine fragwürdig gewordene Metaphysik und eine individualistische, weltflüchtige Erlösungsreligion. Bonhoeffers Prognose eines religionslosen Zeitalters und seine Suche nach einer religionslosen Gestalt des Christentums hat viel Widerspruch hervorgerufen. Die Kritik betrifft nicht nur Bonhoeffers Verwendung des Religionsbegriffs, sondern auch seine Sicht der mündigen Welt. »Uns Heutigen«, so urteilt beispielsweise der Praktische Theologe Wilhelm Gräb, »muß diese Kommunikation über Religion ziemlich abwegig erscheinen. Uns ist die Rede von einem rational mündigen Menschen, der diese Mündigkeit in Wissenschaft und Technik, Politik und Recht, Bildung und Erziehung gewinne und beweise, sie in der Religion jedoch aufgebe, nicht mehr nachvollziehbar.«[32]

Wenn Gräb demgegenüber Religion zum festen, wenngleich in höchst pluraler und oftmals nachchristlicher Gestalt in Erscheinung tretenden Bestandteil moderner Kultur bzw. der unterschiedlichen Alltagskulturen erklärt, gelingt dies nur um den Preis, daß die religionssoziologisch beschriebenen Phänomene von Religionslosigkeit und Gewohnheitsatheismus[33] zugunsten von »religionsproduktiven Tendenzen«[34] der fortgeschrittenen Moderne abgeschattet werden. Möglich ist dies außerdem nur deshalb, weil Gräb die Religionsthematik auf die Sinnfrage bezieht und unter Religion »die Kultur der Symbolisierung letztinstanzlicher Sinnhorizonte alltagsweltlicher Lebensorientierung« versteht.[35] Bezeichnenderweise greift er einerseits auf die kultursoziologische Theorie G. Schulzes zurück[36] und will doch ande-

gen aus der Haft, hg. v. E. Bethge, Neuausgabe München [3]1985, S. 306ff., 311ff., 377ff., 392ff., 395f.

32. *W. Gräb*, Lebensgeschichten – Lebensentwürfe – Sinndeutungen. Eine Praktische Theologie gelebter Religion, Gütersloh 1998, S. 41.

33. Vgl. *D. Pollack*, Zur religiös-kirchlichen Lage in Deutschland nach der Wiedervereinigung. Eine religionssoziologische Analyse, ZThK 93, 1996, S. 586- 615; *W. Krötke*, Der Massenatheismus als Herausforderung der Kirche in den neuen Bundesländern, WJTh 2, 1998, S. 215-228.

34. W. Gräb, a.a.O. (Anm. 32), S. 32.

35. W. Gräb, a.a.O. (Anm. 32), S. 51.

36. Vgl. *G. Schulze*, Die Erlebnisgesellschaft. Kultursoziologie der Gegenwart, Frankfurt a.M. [2]1992.

rerseits nicht akzeptieren, daß Schulze nicht jede Form von le-
bensorientierender Grundeinstellung als Religion bezeichnet, sondern statt dessen lieber von »Lebensphilosophien« oder »persönlicher Grundeinstellung« spricht.[37]

Daß das Christentum Religion ist, läßt sich ebenso wenig bestreiten wie die Tatsache, daß dieses in der ausdifferenzierten modernen Gesellschaft nicht nur in seiner kirchlichen Gestalt vorkommt. Dietrich Rössler hat die plausible Unterscheidung
zwischen kirchlichem, gesellschaftlichem und individuellem oder
privatem Christentum aufgestellt.[38] Tendenzen der Distanzierung
von der Kirche oder der Entkirchlichung bedeuten darum religionssoziologisch noch keineswegs eine radikale Entchristlichung der Gesellschaft und ihrer Individuen. Wenn aber Phänomene einer sich selbst als solche verstehenden Religionslosigkeit
gegen deren eigene Selbstauslegung zu einer Form von unsicht-
barer Religion[39] umgedeutet werden, geschieht dies erkennbar in
apologetischer Absicht.

Auch was die von Rössler als gesellschaftliches Christentum bezeichnete Gestalt christlicher Religion betrifft, läßt sich eine
Wechselwirkung zwischen Entchristlichung und dem Funktions-
verlust kirchlichen Christentums und seiner Institutionen nicht
verleugnen. »Sie ist zum einen daran zu erkennen, daß die ›latente
Kirche‹ die inneren Entfremdungsprozesse nicht hat aufhalten
können, zum anderen an dem massiven Substanzverlust des
christlichen Glaubens, der in den letzten Jahren das Kirchenvolk
selbst ergriffen hat – bei fortbestehendem gesellschaftlichen Einfluß kirchlicher Institutionen.«[40] Wieweit die »kirchlich-dogmati-
sche Phraseologie«[41] diesen Substanzverlust zumindest mitver-
ursacht hat, wäre gesondert zu diskutieren. Auch daß die
Wort-Gottes-Theologie nicht gegen die Gefahr gefeit war, in ei-

37. Vgl. W. Gräb, a.a.O. (Anm. 32), S. 50ff.
38. Vgl. *D. Rössler*, Grundriß der Praktischen Theologie, Berlin/New York
   ²1993, S. 90ff.
39. Vgl. *Th. Luckmann*, Die unsichtbare Religion (stw 947), Frankfurt a.M.
   1991.
40. *D. Lange*, Glaubenslehre I, Tübingen 2001, S. 10.
41. W. Gräb, a.a.O. (Anm. 32), S. 32.

nem binnenkirchlichen Jargon zu erstarren, soll nicht in Abrede gestellt werden. Es sei aber daran erinnert, daß gerade die Erfahrung der Sprachnot des Glaubens und der Predigtnot zu den entscheidenden Motiven der Entstehung der Dialektischen Theologie gehörten.[42]

Es muß aber auch an die bereits im dritten Kapitel gestellte Frage erinnert werden, inwiefern ein singularischer und theologisch-normativer Religionsbegriff der Pluralität und Partikularität konkreter Religionen gerecht wird.[43] Im übrigen erfassen die sozioökonomischen Folgen der Moderne und ihrer fortwährenden Modernisierungsschübe inzwischen sämtliche Religionen, und zwar auch außerhalb Europas und Nordamerikas. Nicht nur dem Christentum, sondern auch den anderen Religionen wird eine Transformation zugemutet, »die ihre Existenz gefährdet und zu der es keine geschichtlichen Parallelen gibt. Das bleibt der Wahrheitskern in Bonhoeffers irriger Annahme, daß wir einer völlig religionslosen Zeit entgegengehen.«[44]

Theologisch wie humanwissenschaftlich und religionssoziologisch ist nun aber auch auf die Ambivalenz jeglicher Religion hinzuweisen. Geschichte und Gegenwart sind reich an bedrückenden Beispielen für religiöse Herrschaftsansprüche, religiösen Fanatismus und religiöse Zwietracht und Intoleranz. Eine zur »Religionshermeneutik«[45] erweiterte Theologie bedarf daher theologischer Kriterien für den Umgang mit den Ambivalenzen des Religiösen,

---

42. Vgl. *K. Barth*, Not und Verheißung der christlichen Verkündigung (1923), in: *ders.*, Vorträge und kleinere Arbeiten 1922-1925, hg. v. H. Finze (GA III), Zürich 1990, S. 65-97, hier S. 70; *E. Thurneysen*, Abschied, ZZ 11, 1933, S. 544-551, hier S. 546 (auch in: J. Moltmann [Hg.], a.a.O. [Anm.20], S. 321-328, hier S. 323); *F. Gogarten*, Gericht oder Skepsis. Eine Streitschrift gegen Karl Barth, Jena ²1937, S. 7 (auch in: J. Moltmann [Hg.], a.a.O. [Anm. 3], S. 331). Siehe aber auch D. Bonhoeffer, a.a.O. (Anm. 14), S. 327f.

43. Vgl. dazu auch *U. Tworuschka*, Selbstverständnis, Methoden und Aufgaben der Religionswissenschaft und ihr Verhältnis zur Theologie, ThLZ 126, 2001, Sp. 123-137, hier Sp. 126.

44. *G. Ebeling*, Religionslose Welt? Religionsloses Christentum? (1980), in: *ders.*, Wort und Glaube IV, Tübingen 1995, S. 44-54, hier S. 46f.

45. W. Gräb, a.a.O. (Anm. 32), S. 39ff.

von denen auch das Christentum nicht ausgenommen ist. Ob
»Lebensdienlichkeit« ein hinreichendes Kriterium ist, darf bezweifelt werden, bedarf doch gerade der schillernde Begriff des
Lebens einer gründlichen – und zwar auch theologischen! – Klärung.[46] Und ebenso bedarf auch eine Religionshermeneutik,
wenn sie denn wirklich Theologie und nicht eine Kulturtheorie
der Religion sein will, einer theologischen Fundierung und Kri-
teriologie.

Die Fragestellung einer hermeneutischen Theologie ist in diesem Sinne bereits von Gerhard Ebeling erweitert worden, indem
er einerseits das Christentum konsequent als Religion interpretiert
und andererseits nach der Bedeutung des christlichen Glaubens
für die Existenz von Religion gefragt hat. Ein dezidiert theologischer Zugang zum Phänomen der Religion(en) und seinen Ambivalenzen ist nach Ebeling über den im Evangelium zentrierten
Glauben zu finden bzw. über die rechte Unterscheidung und
gleichzeitige Zuordnung von Evangelium und Religion. Sie gewinnt bei Ebeling ihr Gewicht zurück, das sie bei Barth und Bonhoeffer hatte, wenngleich mit anderer Nuance. »Die Unterscheidung zwischen Evangelium und Religion darf keinesfalls dazu
dienen, das Christentum offenbarungspositivistisch und pauschal
als die göttliche Wahrheit den Religionen als bloßem Menschen-
werk entgegenzusetzen. Die Unterscheidung zwischen Evangelium
und Religion intendiert vielmehr in erster Linie eine christliche
Selbstkritik am Maßstab des Evangeliums.«[47] Doch darf die notwendige Unterscheidung zwischen Evangelium und Religion nicht
auf ihre Scheidung hinauslaufen.[48]

Alle Religionen einschließlich des Christentums in seiner Gesamtheit – ganz zu schweigen von der Vielfalt seiner Konfessionen
und Denominationen – bleiben trotz ihres universalen Geltungs-
anspruches und ihrer teilweise missionarischen Ausrichtung partikular. Das Evangelium bzw. die Botschaft des Glaubens – Bult-

---

46. Vgl. dazu *G. Ebeling*, Dogmatik des christlichen Glaubens I, Tübingen
    ²1982, S. 89ff.
47. G. Ebeling, a.a.O. (Anm. 44), S. 52.
48. Vgl. auch *G. Ebeling*, Evangelium und Religion (1976), in: *ders.*, Wort
    und Glaube IV (s. Anm. 44), S. 27–43.

mann sprach bekanntlich vom Kerygma – transzendiert jedoch die auch dem Christentum innewohnende Partikularität zur universalen Menschlichkeit hin.[49] Christlicher Glaube deutet dies nach Ebeling so, daß alle Religion darin zu ihrer Erfüllung gebracht wird, was aber keine religionswissenschaftlich-empirische Aussage ist und auch nicht die Möglichkeit ausschließt, daß auch andere Religionen an der christlicherseits mit dem Evangelium in Verbindung gebrachten Erfüllung der Religion auf verborgene Weise partizipieren. Nur sofern sie dem Evangelium gemäß in Gebrauch genommen wird, darf die christliche Religion nach Ebeling als »die zur Wahrheit gebrachte Religion« gelten.[50]

Ebeling ist hier deshalb so ausführlich zu Wort gekommen, weil er als einer der führenden Vertreter hermeneutischer Theologie nachdrücklich betont, daß die bloße Antithetik von Evangelium, Wort Gottes oder Kerygma auf der einen und Religion auf der anderen Seite, darin ist Ebeling zuzustimmen, theologisch nicht weiterhilft.[51] Insofern verdient es Beachtung, daß beispielsweise Albrecht Grözinger als Vertreter des Konzeptes einer Theologie der gelebten Religion ausdrücklich die Brücke zum theologischen Ansatz der Dialektischen Theologie schlagen will, »deren Geltungsanspruch – davon bin ich überzeugt – auch im 21. Jahrhundert nicht erloschen ist«[52].

6. Christentum und Kultur

Als Programm- und Leitbegriff tritt »gelebte Religion« im Zusammenhang mit einer neuen Diskussion über das Verhältnis von Christentum bzw. von Protestantismus und Kultur auf. Mit der Hinwendung zum Erbe der liberalen Theologie verbindet sich auch die Frage, ob wir einen neuen Kulturprotestantismus brau-

49. Vgl. G. Ebeling, a.a.O. (Anm. 44), S. 53.
50. G. Ebeling, a.a.O. (Anm. 44), S. 54.
51. Ebd.
52. *A. Grözinger*, Orte, in: *G. Lämmlin/S. Scholpp* (Hg.), Praktische Theologie der Gegenwart in Selbstdarstellungen (UTB 2213), Tübingen/Basel 2001, S. 257-274, hier S. 272.

chen.[53] Wissenschaftstheoretisch stellt sich damit aber auch die Frage nach dem Verhältnis der Theologie zu den Kulturwissenschaften. Auch was das Thema der Kultur betrifft, sollte man sich vor theologiegeschichtlichen Pauschalurteilen und systematisch-theologisch falschen Alternativen hüten.

Dazu gehört schon die Fehleinschätzung, die Dialektische Theologie der Krisis sei in erster Linie eine Form theologischer Kulturkritik gewesen, die ihre zeitliche Berechtigung gehabt haben mag, jedoch aufgrund ihrer antimodernistischen Grundeinstellung zum Scheitern verurteilt gewesen sei. Schon Begriff und Vorwurf des Antimodernismus sind polemisch und irreführend. Die Dialektische Theologie formulierte vielmehr eine theologische Metakritik der Moderne, die von einem Antimodernismus zu unterscheiden ist.[54] Durchaus fraglich ist auch die These Friedrich Wilhelm Grafs, die gesamtgesellschaftliche Infragestellung der protestantischen Kirche im deutschsprachigen Raum sei »auch als Folge der Verdrängung liberaler Theorietraditionen« zu begreifen.[55] Mit guten Gründen ließe sich, wie Wolfgang Schoberth einwendet, »das Gegenteil behaupten: Nicht die Entfremdung, sondern die Anpassung an herrschende Plausibilitäten führe zur Marginalisierung von Theologie und Kirche, weil damit das Profil und somit die Notwendigkeit der protestantischen Theologie im gesellschaftlichen Diskurs verschwinde.«[56] Im übrigen belehrt ein Blick auf die Verhältnisse in den USA, daß Religion als Legitimation bestehender Strukturen nur einen kleineren Teil der Gesellschaft beeindruckt und noch dazu von einem christlich verbrämten Konservativismus als politisches Instrument verstanden wird.[57]

---

53. Vgl. einerseits *F.W. Graf*, Kulturprotestantismus wieder aktuell. Die alten theologischen Urteile müssen revidiert werden, LM 25, 1986, S. 309-312, andererseits Chr. Frey, a.a.O. (Anm. 24), passim.
54. Vgl. U. Körtner, a.a.O. (Anm. 26), S. 68ff.
55. F.W. Graf, a.a.O. (Anm. 53), S. 312.
56. *W. Schoberth*, Wieviel Kultur braucht das Christentum? Wieviel Christentum braucht die Kultur? (BBRF 6), Bayreuth 2002, S. 7, Anm. 12.
57. Vgl. Chr. Frey, a.a.O. (Anm. 24), S. 3.

Die bleibende Bedeutung der Dialektischen Theologie besteht darin, daß sie Theologie und Kirche mit theologischen Gründen einschärfte, ihre kritische Distanz auch zu jenen Kulturen zu bewahren, »die sich selbst als christliche reklamieren oder historisch als christlich geformt gelten können«[58]. Das bedeutet nun freilich nicht, daß Kirche und Kultur bzw. Kirche und Gesellschaft in einseitiger Gegenüberstellung zu denken wären. Durch ihre Mitglieder sind die Kirchen immer auch Teil der Gesellschaft und der politischen Kultur. Darin haben die Vertreter eines erneuerten Kulturprotestantismus durchaus recht.[59] Irreführend ist demgegenüber das Modell von der Kirche als »Kontrastgesellschaft«[60], wenngleich nicht auszuschließen ist, daß sich z.B. ein christliches Ethos in konkreten Fragen sehr wohl gegen den Mainstream einer sich christlich grundiert verstehenden Gesellschaft wenden kann.[61]

Unrichtig ist allerdings die Ansicht, Barth und andere Vertreter der Dialektischen Theologie hätten die Notwendigkeit einer Mitwirkung der Kirche und der Christen am Aufbau einer humanen Kultur verkannt oder gar bestritten.[62] Beachtung verdient in diesem Zusammenhang Bultmanns Aufsatz über »Humanismus und Christentum« aus dem Jahr 1953.[63] Unter dem Eindruck des Zweiten Weltkriegs und der Nazibarbarei formuliert Bultmann einerseits einen theologisch denkbar scharfen Gegensatz zwischen

---

58. W. Schoberth, a.a.O. (Anm. 56), S. 21.
59. So richtig Chr. Frey, a.a.O. (Anm. 24), S. 4.
60. *G. Lohfink*, Wie hat Jesus Gemeinde gewollt? Zur gesellschaftlichen Dimension des christlichen Glaubens, Freiburg/Basel/Wien ²1987; *ders.*, Wem gilt die Bergpredigt? Beiträge zu einer christlichen Ethik, Freiburg/Basel/Wien 1988.
61. Vgl. dazu *U. Körtner*, Evangelische Sozialethik. Grundlagen und Themenfelder (UTB 2107), Göttingen 1999, S. 16.
62. Für Barth verweist Chr. Frey, a.a.O. (Anm. 24), S. 5 auf *K. Barth*, Die Kirche und die Kultur, ZZ 4, 1926, S. 363-384. Zu beachten ist für den späten Barth dessen Lichterlehre in KD IV/3, § 69. Man denke aber auch an Barths Schriften »Rechtfertigung und Recht« (1938) und »Christengemeinde und Bürgergemeinde« (1946). Beide Schriften sind wieder abgedruckt worden in: ThSt (B) 104, Zürich 1984.
63. *R. Bultmann*, Humanismus und Christentum, in: *ders.*, Glauben und Verstehen III, Tübingen 1960, S. 61-75.

Christentum und Humanismus – ein kierkegaardsches »Entweder –
Oder« und warnt doch davor, dieses falsch zu verstehen, weil Humanismus und Christentum in der Auffassung vom Menschen als
Person konvergieren. Die Theonomie, die der christliche Glaube
behauptet, stehe nicht im Gegensatz zur neuzeitlichen Autonomie. Es sei überhaupt sinnlos, der Autonomie gegenüber eine
Theonomie zu behaupten. Zwischen Autonomie und Heterono-
mie gebe es kein Drittes, so daß es sich bei der Theonomie entweder nur um das eine oder um das andere handeln könne. Eine im
kantischen Sinne von Willkür unterschiedene Autonomie aber sei
eben Theonomie. »Denn das Gesetz des Geistes, das in Freiheit be-
jaht wird, ist das Gesetz Gottes, – auch wenn der Humanismus
bzw. Idealismus damit, daß er dieses Gesetz als ein göttliches be-
jaht, noch nicht die Erkenntnis Gottes hat, die der christliche
Glaube zu haben meint.«[64]

Nach christlicher Auffassung, so Bultmann, ist die Liebe die Erfüllung des göttlichen Gesetzes. Sie bedarf aber, »um in dieser
Welt wirksam sein zu können, der Kraft des Geistes, der die Welt
beherrschbar macht«[65], und das meint bei Bultmann konkret:
Wissenschaft, Recht und Kunst, kurz gesagt: Kultur. Immer wird
nach Bultmann eine Spannung zwischen humanistischen und
christlichen Motiven herrschen. Kann der Humanismus auf der
einen Seite »den Menschen zu der Illusion verleiten, daß er Herr
über sich selbst sei«, so droht auf der anderen Seite »die Gefahr,
daß der Christ in falscher Ängstlichkeit die Kraft des Geistes ver-
achtet und deshalb die Gaben, aber damit auch die Aufgaben der
Kultur und seine Verantwortung für die Kultur verkennt«[66].

Den Unterschied zwischen dem Kulturverständnis der Wort-
Gottes-Theologie und dem älteren Kulturprotestantismus, an den
sich nicht nur wegen seiner z.T. nationalreligiösen Verirrungen,
sondern auch wegen der gegenüber der Zeit vor dem Ersten Welt-
krieg eingetretenen grundlegenden soziokulturellen Veränderungen nicht ungebrochen anknüpfen ließe, beschreibt m.E. zutref-
fend Christofer Frey: »Der Kulturprotestantismus wollte die ihm

64. R. Bultmann, a.a.O. (Anm. 63), S. 67.
65. R. Bultmann, a.a.O. (Anm. 63), S. 75.
66. Ebd.

vorschwebende Gestalt der Kultur und Humanität religiös fundieren und damit universal geltend machen, ohne Europas Anspruch zu relativieren; die Wort-Gottes-Theologie wollte sich den etablierten Mustern widersetzen, ohne die Aufgabe zu bestreiten.«[67]

Allerdings wird man von der Vorstellung einer christlichen Welt, wie sie die liberale Theologie um 1900 oder auch das Social Gospel in den USA mit seiner Idee einer fortschreitenden Christianisierung der Gesellschaft vertraten, noch entschiedener Abschied nehmen müssen, als es selbst die Vertreter der Wort-Gottes-Theologie getan haben.[68] Erst recht ist der Versuch einer Erneuerung der kulturprotestantischen Tradition zum Scheitern verurteilt, weil die neuzeitliche Welt keineswegs alles in allem die »Welt des Christentums« ist, wie z.B. Trutz Rendtorff behauptet.[69] Auch wenn der neuzeitliche Freiheitsbegriff, die Idee der Menschenrechte oder die Humanisierung des Strafrechts unbestreitbar christliche Wurzeln haben, gehören zu den Wurzeln der Neuzeit auch eindeutig nichtchristliche Wurzeln. Es gehört zur Vielfalt konkurrierender Selbstverständnisse der Moderne, daß man auch in der Abkehr vom Christentum, das an seiner historischen Mission letztlich gescheitert sei, die Legitimität der Neuzeit erblickt.[70]

Der Ort der Theologie ist also in einer pluralen Welt zu finden, in der es kulturell, religiös und politisch widerstrebende Tendenzen gibt, die sich generalisierenden Zeit- und Epochenbestimmungen entziehen. Der Rekurs auf Kultur oder Religion ist notwendig, kann aber nicht als solcher eine Neuausrichtung der Theologie begründen. Das liegt nicht allein an den Unschärfen des Religions- und des Kulturbegriffs, sondern auch daran, daß die Begründungsfragen christlicher Theologie weiterhin theo-

---

67. Chr. Frey, a.a.O. (Anm. 24), S. 6.
68. Vgl. D. Lange, a.a.O. (Anm. 40), S. 11f.
69. Vgl. *T. Rendtorff*, Theologie in der Welt des Christentums. Über das Theoriebedürfnis christlicher Praxis, in: *ders.*, Theorie des Christentums. Historisch-theologische Studien zu seiner neuzeitlichen Verfassung, Gütersloh 1972, S. 150-160.
70. Vgl. *H. Blumenberg*, Die Legitimität der Neuzeit, Frankfurt a.M. ²1988. Zum Ganzen siehe auch D. Lange, a.a.O. (Anm. 40), S. 12f.

logisch bearbeitet werden müssen. »Der Versuch einer kulturwissenschaftlichen Neuausrichtung der Theologie kann darum nicht
leisten, was er beansprucht. Er bleibt auch darin hinter dem eigenen Anspruch zurück, daß er es gerade nicht vermag, die Positio-
nierung der Theologie im kulturellen Diskurs einer pluralen Gesellschaft zu leisten: Die Suggestion, Kultur nun selbst wieder in
einer theologischen Position fassen zu können und in Anspruch
zu nehmen, steht selbst im Widerspruch zur Einsicht in die fak-
tische Partikularität jedes theologischen Wahrheitsanspruchs,
auch wenn er seinem Inhalt nach universale Reichweite haben
kann und mitunter haben muß.«[71]

Mag daher Religion bzw. gelebte Religion ein unaufgebbarer
Bezugsbegriff christlicher Theologie sein, so verweist demgegenüber die fundamentaltheologische Kategorie des Wortes Gottes
bzw. des Kerygmas auf die Begründungsebene theologischer Aussagen. Hinter diese durch die verschiedenen Schulen der Wort-
Gottes-Theologie entfaltete Grundeinsicht darf die Theologie
nicht zurückfallen, wenn anders sie im präzisen Sinne des Wortes
Theologie bleiben will.

Christliche Theologie muß es auch heute wagen, von Gott zu
reden, nicht nur über irgendwelche »Gottesgedanken« als Rest-
bestände einer Religionskultur, deren Schwundstufen offenbar die
ganze Hoffnung einer neuen Generation von »Kulturprotestan-
ten« sind.[72] Sie unternimmt das Wagnis, menschliche Lebenswelt
im Licht der Gottesrede zu interpretieren, und versetzt damit po-
tentiell alle Menschen in die Teilnehmerperspektive, insofern sie
ihrer aller »Betroffenheit« durch die biblisch begründete Gottesrede einsichtig zu machen versucht. Das aber wird nicht schon dadurch erreicht, daß überhaupt und allgemein von Gott gesprochen wird, sondern dadurch, daß – ausgehend von den biblischen

---

71. W. Schoberth, a.a.O. (Anm. 56), S. 82.
72. Vgl. dazu auch *U. Körtner*, »Amen, das ist: es werde wahr«. Gute Theo-
    logie aus evangelischer Sicht, in: *Cl. Sedmak* (Hg.), Was ist gute Theo-
    logie? (STS 20), Innsbruck 2003, S. 276-291; *ders.*, Mut machen, von
    Gott zu reden. Gute Theologie im Spannungsfeld zwischen Wort Gottes
    und gelebter Religion, in: *W. Huber* (Hg.), Was ist gute Theologie?,
    Stuttgart 2004, S. 77-87.

Texten – das Angegangensein des Menschen und seiner Lebens-wirklichkeit durch Gott konkret beschrieben wird.

Alles Nachdenken über Gott verfehlt diesen jedoch, wenn sich das Denken vom Glauben ablöst. »Damit das Recht der Erkennt-nis seine Gültigkeit habe, muß man sich ins Leben hinauswagen, hinaus aufs Meer, und muß einen Schrei erheben, ob Gott ihn nicht hören wolle« (Søren Kierkegaard).[73] Hinauswagen ins Leben aber muß sich der Glaubende in der Solidarität mit den anderen, insbesondere den Leidenden und Entrechteten, soll der Glaube et-was anderes als eine Form des Heilsegoismus sein. Nur dann ist alles Reden von Gott wenn nicht schon wahr, so doch wahrhaftig. Und es sollte von Gott nicht mehr gesagt werden, als sich ange-sichts seiner Strittigkeit und der sich immer wieder einstellenden Anfechtung des Glaubens redlich vertreten läßt. So mündet auch das theologische Nachdenken über Gott am Ende in das Gebet, welches zu allen Aussagen über Gott das Amen spricht: »Amen, das ist: es werde wahr« (Luther).[74]

73. S. *Kierkegaard*, Die Tagebücher, übers. v. H. Gerdes, Bd. I, Düsseldorf/ Köln 1962, S. 261.
74. *M. Luther*, Vater unser im Himmelreich (EG 344,9).

VI. Christliche Spiritualität

Es sollte im vorigen Kapitel deutlich geworden sein, daß sich der christliche Glaube nicht auf Ethik reduzieren läßt. Ebenso wenig kann man ihn unter einem diffusen Begriff von Spiritualität subsumieren. Vielen Menschen ist heute vermutlich gar nicht bewußt, daß der Begriff »Spiritualität« christlichen Ursprungs ist. Die religiöse Sinnsuche unserer Tage fordert dazu heraus, eine dezidiert christliche Spiritualität wiederzugewinnen, die gegenüber anderen religiösen Angeboten ihr unverwechselbares Profil hat. Kann auch die Religion des Wortes, von der im vorangegangenen Kapitel die Rede war, »spirituell« sein? Was zeichnet eine christliche Spiritualität aus, die aus der Quelle des Wortes Gottes schöpft und lebt?

1. Der Begriff »Spiritualität«

»Spiritualität« ist in seiner heutigen Bedeutung ein ebenso junger wie unscharfer Terminus.[1] Als Synonym für Frömmigkeit setzte er sich zunächst im französischen Sprachraum seit dem Ende des 19. Jahrhunderts durch. Unter Spiritualität (französisch »spiritualité«) versteht man im Katholizismus verschiedene Formen katholischer

1. Zu den Begriffen »Spiritualität« und »Frömmigkeit« siehe einführend *J. Sudbrack*, Art. Frömmigkeit/Spiritualität, in: *P. Eicher* (Hg.), Neues Handbuch theologischer Grundbegriffe, Bd. 2, München 1984, S. 7-16; *K.-F. Wiggermann*, Art. Spiritualität, TRE 31, Berlin/New York 2000, S. 708-717; *ders.*, Zur christlichen Spiritualität, ThR 69, 2004, S. 452-474 (Literaturbericht!); *U. Köpf/E. Gräb-Schmidt/Chr. Grethlein/K. Kim/P. Mendes-Flohr*, Art. Spiritualität, RGG⁴ VII, Tübingen 2004, Sp. 1589-1599; *M. Seitz*, Art. Frömmigkeit II. Systematisch-theologisch, TRE 11, Berlin/New York 1983, S. 674-683; *E. Fahlbusch/C.H. Ratschow/ H.-G. Heimbrock*, Art. Frömmigkeit, EKL³ I, Göttingen 1986, Sp. 1396-1402. – Zum folgenden vgl. auch *U. Körtner*, Die Gemeinschaft des Heiligen Geistes. Zur Lehre vom Heiligen Geist und der Kirche, Neukirchen-Vluyn 1999, S. 11ff.

Lebenspraxis und besondere Frömmigkeitsübungen wie z.B. Exerzitien. Im deutschsprachigen Protestantismus wurde der Begriff erst seit den 70er Jahren des vergangenen Jahrhunderts übernommen. 1976 setzte der Rat der Evangelischen Kirche in Deutschland eine Arbeitsgruppe »Spiritualität« ein, die 1979 ihre Studie über »Evangelische Spiritualität« vorlegte.[2] Daß der Begriff seither einen enormen Aufschwung erlebt hat, hängt auch mit der ökumenischen Bewegung zusammen. Im ökumenischen Kontext wird »spirituality« bisweilen nicht nur mit Frömmigkeit, sondern mit Religiosität in einem ganz allgemeinen Sinn gleichgesetzt.

Auch im deutschen Sprachgebrauch ist »Spiritualität« inzwischen ein Modewort. Als solches ist es längst nicht mehr auf christliche Frömmigkeitsformen beschränkt, sondern taucht in allen möglichen Formen neuer Religiosität auf. Unter »spiritus« ist ursprünglich der Heilige Geist im Sinne der biblischen Überlieferung und der christlichen Glaubenslehre zu verstehen. Doch auch der Geistbegriff hat im Laufe der vergangenen Jahrhunderte sein christliches Profil weitgehend eingebüßt. In der postmodernen Religiosität steht »Geist« für eine unspezifische »Geistigkeit« oder »Innerlichkeit« des Menschen, für kosmische Energien und heilende Kräfte, für die Sehnsucht nach Ganzheitlichkeit, nach Mystik und »spiritueller« Bewußtseinserweiterung.

Unter Spiritualität können also christliche Kontemplation, buddhistische Zen-Meditation und Yoga, die Mystik des islamischen Sufismus und die jüdische Kabbalistik, aber auch das Denken des New Age, Anthroposophie und Theosophie, westliche Reinkarnationsvorstellungen, Magie, Spiritismus und Okkultis-

---

2. An evangelischer Literatur seien weiter genannt: *G. Ruhbach*, Theologie und Spiritualität, Göttingen 1987; *H.-M. Barth*, Sehnsucht nach dem Heiligen. Verborgene Quellen ökumenischer Spiritualität, Stuttgart 1992; *ders.*, Spiritualität (BensH 74), Göttingen 1993; *M. Josuttis*, Die Einführung in das Leben. Pastoraltheologie zwischen Phänomenologie und Spiritualität, Gütersloh 1996; *K. Berger*, Was ist biblische Spiritualität?, Gütersloh 2000; *P. Zimmerling*, Evangelische Spiritualität. Wurzeln und Zugänge, Göttingen 2003. – Spritualität ist auch das Schwerpunktthema der Vereinigten Evangelisch-lutherischen Kirche in Deutschland (VELKD) für das Jahr 2005, das auf ihrer Generalsynode vom 16.-20. Oktober 2004 in Gera beschlossen wurde.

mus, Pendeln und Wünschelrutengehen, Astrologie und Wahr-
sagetechniken wie Kartenlegen oder Handlinienlesen, Praktiken
einer sogenannten Alternativmedizin wie Wunder- oder Geisthei-
lungen durch Handauflegen oder auch Edelstein- und Bachblü-
tentherapie firmieren. Und nicht selten begegnen wir auf dem
esoterischen Markt der Möglichkeiten unterschiedlichsten synkretistischen Mischungen und westlichen Adaptionen von Elementen
östlicher Religionen.

Viele Menschen betrachten »Spiritualität« als eine nichtchristliche, an keine Kirche oder Dogmatik gebundene Form der Religiosität. Wie selbstverständlich wird der Begriff heute auf nichtchristliche Religionen, insbesondere auf fernöstliche, angewendet. Daß
das Wort eigentlich aus dem Christentum stammt, wird häufig
völlig übersehen. Die problematische Übertragung eines von Hau-
se aus christlichen Begriffs auf nichtchristliche Religionen erweckt
den Eindruck, als stimmten alle Religionen im wesentlichen über-
ein, wobei das Wesen von Religion in einem eher diffusen Sinne
als »mystisch« bestimmt wird. Daß es dabei zur Verzeichnung
und Vereinnahmung fremder Religionen kommt, scheint vielen
Menschen gar nicht bewußt zu sein. Die heutige Religionswissenschaft ist an dieser Stelle weitaus zurückhaltender als manche Vertreter einer synkretistischen Theologie der Religionen.

Was aber bedeutet Spiritualität im christlichen Sinne?[3] Recht
verstanden bezeichnet er das christliche Leben überhaupt. Im biblischen Sinne ist dieses Leben nämlich als *geistliches Leben* zu verstehen. Geistliches Leben ist Leben aus dem Heiligen Geist, d.h.
aber Leben aus dem Geist Gottes, der sich in Jesus von Nazareth
letztgültig offenbart hat. Der Geist Gottes wird in der Bibel daher
auch Geist Christi genannt.[4] Gott wird im Neuen Testament
grundlegend als Geist bestimmt: »Gott ist Geist, und die ihn anbeten, die müssen ihn im Geist und in der Wahrheit anbeten« (Johannes 4,24). Es ist aber dieser Geist der Geist der Liebe, der in Jesus von Nazareth die Züge eines menschlichen Antlitzes trägt.

3. Zum folgenden vgl. *U. Körtner*, Reformiert und ökumenisch. Brenn-
   punkte reformierter Theologie in Geschichte und Gegenwart (STS 7),
   Innsbruck 1998, S. 135ff.
4. Z.B. Röm 8,9; Phil 1, 19; I Petr 1,11.

Eben darum kann dieser Gott auch als Liebe bestimmt werden (vgl. 1. Johannes 4,16), welche Gott und den Menschen, aber auch die Menschen untereinander in Beziehung setzt, zerstörte Beziehung heilt und die Beziehungen neu stiftet.

Vor diesem Hintergrund ist unter christlicher Spiritualität nicht nur ein christliches Gebetsleben, sondern die christliche Lebensführung als ganze zu verstehen. Im Unterschied zum natürlichen, kreatürlichen Leben, das sich Gott dem Schöpfer verdankt, meint geistliches Leben das mit Gott versöhnte und so erneuerte Leben. Die Versöhnung zwischen Gott und Mensch ist das Werk Christi. Geistliches Leben schließt den gesamten Kosmos in die Hoffnung des Glaubens ein, ist es doch das Leben der erneuerten, der neuen Schöpfung: »Ist jemand in Christus« – wir können paraphrasieren: lebt einer im Geist Christi – »so ist er ein neues Geschöpf«, schreibt Paulus in 2. Korinther 5,17.

Bisweilen werden die Begriffe Spiritualität und Frömmigkeit (lateinisch »pietas«) synonym verwendet. Im Unterschied zum Begriff der Frömmigkeit verweist das Wort »Spiritualität« auf den Heiligen Geist als Quelle eines neuen und sinnerfüllten Lebens. Die Fülle des Geistes begegnet in den Geistesgaben, die im Neuen Testament als Charismen bezeichnet werden. Die Reichtümer der Spiritualität sind biblisch betrachtet also zunächst nicht die vielfältigen Traditionen von Frömmigkeit und Liturgie in den unterschiedlichen Kirchen und Konfessionen, sondern die Geistesgaben, von denen Paulus in 1. Korinther 12,4ff und Römer 12,3ff einige aufzählt. Zu den Charismen rechnet Paulus nicht nur prophetische Rede oder die verschiedenen Ämter in der christlichen Gemeinde, sondern auch die Werke der Barmherzigkeit. Die Charismen bleiben nicht auf eine kleine Schar Erwählter beschränkt, sondern sind in *allen* Christinnen und Christen lebendig: »in einem jeden offenbart sich der Geist zum Nutzen aller« (1. Korinther 12,7).

Es gibt eine Vielzahl unterschiedlicher Charismen. Allen Christinnen und Christen gemeinsam aber sind die Geistesgaben Glaube, Liebe und Hoffnung, unter denen die Liebe (Agape) die größte ist (1. Korinther 13,13). Geistliches Leben als die Gesamtheit christlicher Lebensführung ist also ein Leben aus Glaube, Liebe und

Hoffnung in der Einheit von Gottesliebe und Nächstenliebe. So ist das Doppelgebot der Liebe der Inbegriff christlicher Frömmigkeit bzw. des christlichen Gottesdienstes, welcher nicht allein in der sonntäglichen Versammlung der christlichen Gemeinde um Wort und Sakrament, sondern im Sinne von Röm 12,1 in der alltäglichen Lebensführung gemäß dem Liebesgebot besteht.

2. Evangelische Spiritualität

Recht verstanden ist alle christliche Spiritualität *evangelische* Spiritualität. Diese Näherbestimmung ist nicht im konfessionellen oder gar konfessionalistischen Sinne zu verstehen. Historisch betrachtet stammt der Begriff der Spiritualität, wie bereits gesagt, aus der katholischen Tradition und hat sich erst in den vergangenen Jahrzehnten auch im Protestantismus eingebürgert. Zwischen protestantisch und evangelisch ist allerdings zu unterscheiden. Evangelisch meint nämlich das *Evangeliumsgemäße*, das in *allen* Konfessionen angetroffen, aber auch verfehlt werden kann. Das Evangelium ist die Norm und innere Achse aller Kirchen, die sich auf Jesus Christus berufen, und der biblische Maßstab für jede Form der Lebensführung und Frömmigkeit, die sich für christlich hält. In diesem Sinne ist evangelische Spiritualität also kein konfessionelles Sondergut der protestantischen Kirchen, sondern Lebensführung aus der Kraft des biblisch bezeugten Evangeliums (Römer 1,16), in welchem uns die Gnade Gottes bedingungslos zugesprochen wird.

Evangelische, d.h. evangeliumsgemäße Spiritualität ist nun, recht verstanden, Bußfrömmigkeit, was freilich der Erläuterung bedarf, zumal das Wort »Buße« heute einen negativen Klang hat. Bei dem Wort »Buße« denkt man leicht an eine fragwürdige Gestalt christlicher Lehre, welche Gott und seine Beziehung zum Menschen im Schema von Lohn und Strafe denkt. Solch ein moralisierendes Gottesbild hat in der Geschichte des Christentums und in vielen Biographien zum Teil verheerende Folgen gehabt.

Die Reformatoren haben den Begriff der Buße vom Sakrament der Beichte abgelöst und auf das ganze Leben der Christen ausgedehnt. So lautet die erste von Luthers 95 Thesen (1517): »Da unser Herr und Meister Jesus Christus spricht:: ›Tut Buße‹ usw. (Matth 4,17), hat er gewollt, daß das ganze Leben der Gläubigen Buße sei.«[5] Nach reformatorischer Auffassung meint Buße nichts anderes als die Erneuerung des Lebens aus dem Glauben an das Wort von der Vergebung der Sünden. Evangelische, d.h. evangeliumsgemäße Buße hat die Gewißheit des Heils nicht zum Ziel, sondern zur Voraussetzung und ist als Befreiung aus allen falschen Bindungen zu verstehen. Der Geist evangelischer Spiritualität ist daher grundlegend als Geist der *Freiheit* zu bestimmen.

Die Reformatoren haben den geistgewirkten lebenslangen Prozeß der Neuwerdung des Lebens als *Heiligung* bezeichnet. Während Luther vor allem das Absterben des alten Menschen, die mortificatio, betonte, hat die reformierte Tradition, insbesondere Calvin, neben der mortificatio auch das Lebendigwerden, die vivificatio, in den Blick genommen. Calvin erklärt: »Buße ist die wahre Hinkehr unseres Lebens zu Gott, wie sie aus echter und ernster Gottesfurcht entsteht; sie umfaßt einerseits das Absterben unseres Fleisches und des alten Menschen, andererseits die Lebendigmachung im Geiste.«[6] Sie hat im Glauben ihren Ursprung, ist also die Frucht des Evangeliums und kann von Calvin mit einem Wort als Wiedergeburt beschrieben werden.[7]

Friedrich Schleiermacher versteht unter Religion bzw. Frömmigkeit das Gefühl schlechthinniger Abhängigkeit, d.h. das Bewußtsein unbedingter Angewiesenheit auf Gott.[8] Insbesondere die reformierte Tradition bestimmt dieses Gefühl näher hin als Dankbarkeit gegen Gott. Dieser Gesichtspunkt wurde schon oben im zweiten Kapitel angesprochen, als wir nach einer allgemeinen theologischen Definition von Religion fragten. Spiritualität oder geistliches Leben ist nach reformatorischem Verständnis ein Leben in Dankbarkeit.

5. *M. Luther*, WA 1, 233.
6. *J. Calvin*, Institutio christianae religionis (1559), III,3,5,
7. Institutio III,3,9.
8. *F. Schleiermacher*, Der christliche Glaube nach den Grundsätzen der evangelischen Kirche im Zusammenhange dargestellt (²1830), 2 Bde., hg. v. M. Redeker, Berlin ⁷1960, Bd. 1, S. 23ff (§ 4).

Ein eindrückliches Zeugnis für solch eine Spiritualität der Dankbarkeit findet sich in den Gefängnisbriefen Dietrich Bonhoeffers. Sie zeigen auch, daß die Dankbarkeit gegenüber Gott und der Dank, der sich an andere Menschen richtet, ineinander liegen können. Bei Bonhoeffer klingt dabei die Botschaft von der Rechtfertigung des Sünders allein aus Gnaden durch den Glauben mit, wenn er schreibt: »Der Wunsch, alles durch sich selbst sein zu wollen, ist ein falscher Stolz. Auch was man anderen verdankt, gehört eben zu einem und ist ein Stück des eigenen Lebens, und das Ausrechnenwollen, was man sich selbst ›verdient‹ hat und was man anderen verdankt, ist sicher nicht christlich und im übrigen ein aussichtsloses Unternehmen. Man ist eben mit dem, was man selbst ist und was man empfängt, ein Ganzes.«[9]

In der Gestapo-Haft notierte er: »Ich glaube, daß Gott aus allem, auch aus dem Bösesten, Gutes entstehen lassen kann und will. Dafür braucht er Menschen, die sich alle Dinge zum besten dienen lassen. Ich glaube, daß Gott uns in jeder Notlage soviel Widerstandskraft geben will, wie wir brauchen. Aber er gibt sie nicht im voraus, damit wir uns nicht auf uns selbst, sondern allein auf ihn verlassen. In solchem Glauben müßte alle Angst vor der Zukunft überwunden sein. Ich glaube, daß auch unsere Fehler und Irrtümer nicht vergeblich sind, und daß es Gott nicht schwerer ist, mit ihnen fertig zu werden, als mit unseren vermeintlichen Guttaten. Ich glaube, daß Gott kein zeitloses Fatum ist, sondern, daß er auf aufrichtige Gebete und verantwortliche Taten wartet und antwortet.«[10]

Im Beten und im Tun des Gerechten unter den Menschen erkennt Bonhoeffer den Kern christlicher Spiritualität in theologisch dürftiger Zeit, wo alle großen Worte der christlichen Überlieferung – nicht zuletzt aufgrund des eigenen Versagens der Kirchen – ihre Kraft zu verlieren drohen.[11] Spiritualität der Dankbarkeit im Sinne Bonhoeffers meint keine fatalistische Ergebung in ein un-

---

9. *D. Bonhoeffer*, Widerstand und Ergebung. Briefe und Aufzeichnungen aus der Haft, hg. v. E. Bethge, Neuausgabe München ³1985, S. 168f.

10. D. Bonhoeffer, a.a.O. (Anm. 9), S. 20f.

11. Vgl. dazu *U. Körtner*, Theologie in dürftiger Zeit. Ein Essay (KT 75), München 1990.

vermeidliches Schicksal oder eine Haltung vermeintlich frommer Passivität. Sie bewegt sich vielmehr im Spannungsfeld zwischen Widerstand und Ergebung. »Ich glaube«, notierte Bonhoeffer im Februar 1944, »wir müssen das Große und Eigene wirklich unternehmen und doch zugleich das Selbstverständlich- und Allgemein-Notwendige tun, wir müssen dem ›Schicksal‹ ich finde das ›Neutrum‹ dieses Begriffes wichtig – ebenso entschlossen entgegentreten wie uns ihm zu gegebener Zeit unterwerfen. Von ›Führung‹ kann man erst jenseits dieses zwiefachen Vorgangs sprechen, Gott begegnet uns nicht nur als Du, sondern auch ›vermummt‹ im ›Es‹ und in meiner Frage geht es also im Grunde darum, wie wir in diesem ›Es‹ (›Schicksal‹) das ›Du‹ finden, oder, mit anderen Worten: wie aus dem ›Schicksal‹ wirklich ›Führung‹ wird. Die Grenzen zwischen Widerstand und Ergebung sind also prinzipiell nicht zu bestimmen; aber es muß beides da sein und beides mit Entschlossenheit ergriffen werden. Der Glaube erfordert dieses bewegliche, lebendige Handeln. Nur so können wir die jeweilige gegenwärtige Situation durchhalten und fruchtbar machen.«[12]

3. Innerweltliche Askese

Unter der Überschrift »Von der Dankbarkeit« handelt der Heidelberger Katechismus vom christlichen Leben gemäß dem Dekalog sowie vom Gebet als dem »vornehmste(n) Stück der Dankbarkeit, welche Gott von uns erfordert« (Frage 116).[13] Nach reformierter Auffassung, die auch von Teilen des Luthertums übernommen wurde, dient das göttliche Gesetz nicht nur der Ordnung des zwischenmenschlichen Zusammenlebens und der Erkenntnis der menschlichen Sünde, sondern auch als Wegweisung zur Heiligung, d.h. zur Lebensführung in der Kraft des Heiligen Geistes.[14]

12. D. Bonhoeffer, a.a.O. (Anm. 9), S. 244.
13. Heidelberger Katechismus (1563), Teil III (Frage 86-129).
14. Man bezeichnet dies auch als »dritten Gebrauch« des Gesetzes (tertius usus legis bzw. usus legis in renatis). Die konkrete Lebensform der Lehre vom tertius usus legis war in der reformierten Tradition die vom Presby-

Der Soziologe Max Weber hat das Besondere reformatorischer, v.a. aber reformierter Lebensführung und Frömmigkeit auf den Begriff der »innerweltlichen Askese« gebracht.[15] Gemeint ist mit diesem Ausdruck, daß die Reformatoren, und zwar nicht nur Zwingli und Calvin, sondern auch Luther, die Lebensregeln des Mönchtums als Inbegriff völliger Hingabe und Nachfolge auf das Leben *aller* Christen ausgeweitet haben. Damit wurden freilich das Recht und die besondere Heiligkeit eines herausgehobenen Standes von Ordensleuten, die Interpretation der Keuschheit im Sinne von Ehelosigkeit, die spätmittelalterliche Zweistufenethik und das mit ihr verbundene Vollkommenheitsideal verworfen. Weil alle Christenmenschen zu einem Leben in der Nachfolge Christi berufen sind, ist das weltliche Leben der Ort, Gott zu dienen.

Nicht nur die gottesdienstliche Versammlung der Gemeinde um Wort und Sakrament, nicht nur das Gebet und besondere Formen der Andacht, sondern auch Beruf und Familie sind eine Form des Gottesdienstes. Auch sie haben eine »spirituelle« Dimension. So läßt sich das protestantische Berufsethos als spezifische Form evangelischer, nämlich evangeliumsgemäßer Spiritualität begreifen, wobei freilich zwischen der Profanität des Alltagslebens und einer sich dezidiert areligiös verstehenden Säkularität zu unterscheiden ist.

4. Bibelfrömmigkeit

Das Christentum ist in einem spezifischen Sinne Buchreligion, insofern die Glauben bezeugende und neuen Glauben intendierende mündliche Verkündigung die Gestalt der applikativen Schriftaus-

terium geübte Kirchenzucht, die zwar auch in lutherischen Kirchenordnungen der Reformationszeit ihren festen Platz hatte, von reformierter Theologie aber außerdem zu den Kennzeichen der wahren Kirche gezählt wurde. Vgl. Calvin, Institutio IV,12.

15. Vgl. *M. Weber*, Die protestantische Ethik und der Geist des Kapitalismus (1905), in: *ders.*, Die protestantische Ethik, Bd. I, hg. v. J. Winckelmann, Gütersloh [6]1981, S. 27-277, bes. S. 66ff.115ff.

legung hat.[16] Der Kanon der biblischen Schriften Alten und Neuen Testaments hat für das Christentum als Urkunde der eigenen Verkündigung sowohl ätiologischen, als auch paradigmatischen und normierenden Charakter. Auch die Theologie als Reflexionsgestalt des christlichen Glaubens ist ihrem Wesen nach Schriftauslegung. Christlicher Glaube vollzieht seine Selbstauslegung in der Form der Schriftauslegung, indem er darlegt, wie die menschliche Existenz ihrerseits von den Texten der Schrift her ausgelegt und verstehbar wird.

Für die Reformation hatte die Bibel eine ganz überragende Bedeutung. Nach Luther ist die Schrift allein (sola scriptura) Quelle und Norm christlichen Glaubens und christlichen Lebens. Die Übersetzung der Bibel aus den Ursprachen ins Deutsche war für den Erfolg der Reformation von entscheidender Bedeutung, weil nun jedermann und jede Frau in der Bibel lesen konnte. Lektüre und Auslegung der Bibel blieben nicht länger den studierten Theologen und dem kirchlichen Lehramt vorbehalten, sondern waren nun Angelegenheit der ganzen Gemeinde. So traten schon bald Handwerker als Autoren theologischer Flugschriften in Erscheinung.[17] Und zwei der bedeutendsten Reformatoren, Melanchthon und Calvin, hatten kein Theologiestudium und keine Priesterweihe vorzuweisen. Dennoch gehören sie zu den wichtigsten Theologen und Bibelauslegern der Reformationszeit. Um die Menschen in den Stand zu versetzen, selbst lesen und urteilen zu können, war der Ausbau des Schulwesens von großer Bedeutung. Luther richtete entsprechende Forderungen »An die Ratsherren aller Städte deutschen Lands, daß sie christliche Schulen aufrichten und halten sollen« (1524)[18]. Und Calvin gründete in Genf die berühmte Akademie für die Theologenausbildung.

Die Reformation war gleichermaßen eine Bibellese- wie eine Bildungsbewegung. Wissenschaftliche Exegese und Bibelfrömmig-

---

16. Siehe dazu ausführlich *U. Körtner*, Theologie des Wortes Gottes. Positionen – Probleme – Perspektiven, Göttingen 2001, bes. S. 296ff.
17. Vgl. *M. Arnold*, Handwerker als theologische Schriftsteller. Studien zu Flugschriften der frühen Reformation (1523-1525) (GTA 42), Göttingen 1990.
18. *M. Luther*, WA 15,27ff.

keit bildeten dabei eine Einheit. Für Luther war jeder Christen-
mensch ein Theologe, die Lektüre der Bibel eine Angelegenheit aller Getauften. Bis in die Gegenwart hinein steht die Bibellektüre
im Zentrum evangelischer Spiritualität und evangelischen An-
dachtswesens.[19] Freilich ist gerade in der evangelischen Kirche ein
starker Rückgang von Bibellektüre und Bibelfrömmigkeit zu beklagen.

Anspruch und Wirklichkeit evangelischer Bibelfrömmigkeit
klaffen heute nicht selten auch im Theologiestudium auseinander.
Nach wie vor sollte gelten, daß theologische Kompetenz darin besteht, »(e)in Lebensverhältnis zur Bibel [zu] haben«[20]. Doch ist
dieses Lebensverhältnis streckenweise empfindlich gestört. »Wa-
rum«, so fragt der evangelische Theologe Gerhard Sauter, »hat
dieser Lernprozeß und die davon gespeiste theologische Urteilsbildung bei heutigen Studierenden höchsten Seltenheitswert? Ganz
zu schweigen von einem ›ins Große gehenden Schriftgebrauch‹,
wie er Friedrich Schleiermacher für die Glaubenslehre vorschweb-
te? Inwiefern tragen unsere Lehrveranstaltungen mit Schuld daran?«[21] Nicht nur wenn es um die Bibel geht, sondern auch sonst
haben Studierende der Theologie nach Sauters Beobachtung, die
mit meiner eigenen übereinstimmt, »weithin die Lust am Lesen
theologischer Texte, großer, anspruchsvoller, anstrengender, aber
dann auch mitreißender Lektüre verloren«[22]. Das muß beunruhigen, weil theologische Erkenntnisbemühungen zwar gewiß nicht
nur im Lesen bestehen, aber ohne intensive Lektüre nicht möglich
sind. Bevor larmoyant Klage über die heutige Studierendengene-
ration oder ihre mangelnde Studierfähigkeit geführt wird, sollten
sich die Lehrenden selbstkritisch fragen, inwieweit diese Entwicklung mit dem zusammenhängt, was den Theologiestudierenden

19. Vgl. *K.-F. Daiber/I. Lukatis*, Bibelfrömmigkeit als Gestalt gelebter Reli-
    gion (Texte u. Arbeiten zur Bibel 6), Bielefeld 1991.
20. *M. Josuttis*, Der Pfarrer ist anders. Aspekte einer zeitgenössischen Pasto-
    raltheologie, München ³1987, S. 220.
21. *G. Sauter*, Evangelische Theologie an der Jahrtausendschwelle (ThLZ.F
    4), Leipzig 2002, S. 68. Vgl. *F. Schleiermacher*, Der christliche Glaube, 2.
    Auflage, hg. v. M. Redeker, Bd. 1, Berlin 1960, S. 152 (§ 27.3).
22. G. Sauter, a.a.O. (Anm. 21), S. 115.

von ihnen als positives oder negatives Vorbild vermittelt wird. Inwiefern ist die schwindende Leselust darauf zurückzuführen, daß der Lebensbezug zu dem für alle Theologie grundlegendenden Text auch auf seiten der Lehrenden empfindlich gestört ist? Jeder möge sich selbstkritisch fragen, in welchem Ausmaß seine eigene theologische Existenz durch eine beständige Bibellektüre bestimmt ist – oder auch nicht.

5. Geistliche Schriftauslegung

Von zentraler Bedeutung ist hierbei das Verhältnis von Spiritualität und Exegese.[23] Wer die Sprache des göttlichen Geistes erlernen will, muß nach christlicher Überzeugung in die Schule der Bibel gehen, so gewiß das Wort Gottes leibliches Wort ist, zu dessen Leiblichkeit bzw. Sinnlichkeit auch seine Verschriftlichung gehört. Theologie als Grammatik religiöser Sprachspiele ist daher – zumindest nach reformatorischem Verständnis – immer auch und zuerst Grammatik der Heiligen Schrift.[24]

Zur theologisch notwendigen Unterscheidung der Geister gehört daher die rechte Zuordnung und Unterscheidung von Geist und Buchstabe. Beide bilden nach reformatorischer Tradition keinen Gegensatz. Vielmehr gilt gerade die Auslegung der Schrift als ausgezeichneter Ort der Geisterfahrung. Exegese und Spiritualität bilden freilich einen hermeneutischen Zirkel. So wenig Exegese ohne den Beistand des Geistes zum Ort der Geisterfahrung werden kann, so sehr ist die Exegese ihrerseits als Medium des Wirkens des Geistes zu verstehen. Dieser Sachverhalt läßt sich an Luthers Unterscheidung zwischen äußerer und innerer Klarheit der Schrift, zwischen der *claritas externa* und der *claritas interna* verdeutlichen.[25] Das äußere Wort vermag nichts ohne das Wirken

---

23. Zum folgenden vgl. *U. Körtner*, Der inspirierte Leser. Zentrale Aspekte biblischer Hermeneutik, Göttingen 1994, S. 62ff.
24. Vgl. *O. Bayer*, Theologie (HST 1), Gütersloh 1994. Vgl. schon die Erklärung Ph. Melanchthons, Theologie sei »gleichsam die Grammatik zum göttlichen Wort, (CR 7,576).
25. Vgl. *M. Luther*, De servo arbitrio (WA 18, 606ff). Zur *claritas scripturae*

bzw. das innere Zeugnis des Heiligen Geistes, auch testimonimum spiritus sancti internum genannt. Nur so kann das äußere Wort zum Medium des Geistes werden, dessen Werk in der Gewißheit des Glaubens besteht. Es bezieht sich das Testimonium spiritus sancti internum aber auf nichts anderes als das äußere Wort, d.h. auf die äußere, philologisch-grammatische Klarheit des Wortlauts der biblischen Texte. Eine Exegese ohne Spiritualität ist darum ebenso abzulehnen wie eine Spiritualität ohne Exegese.

Genau diese falsche Alternative von geistloser Exegese und exegesefeindlicher Spiritualität kennzeichnet aber die heutige Situation in Theologie und Kirche. Zur Suche nach einer neuen Spiritualität gehört unter anderem die sich auf breiter Front vollziehende Abkehr von der neuzeitlichen Form der Schriftauslegung, d.h. der historisch-kritischen Exegese. Ihr Nutzen wird inzwischen längst nicht mehr nur von fundamentalistischen Kreisen bezweifelt. Die historisch-kritische Forschung wollte den Menschen der aufgeklärten Moderne neue Zugänge zur Bibel eröffnen, indem sie die aufgeklärte Vernunft von der Zumutung befreite, das in der Bibel Berichtete oder Verkündigte und Verheißene buchstäblich für wahr zu halten. Inzwischen wird offen die Frage gestellt, ob nicht gerade die an den Universitäten gelehrte Exegese erheblich dazu beigetragen hat, daß die Bibel bei vielen Zeitgenossen ungelesen im Bücherschrank steht, weil der Nutzen des Bibellesens für das Leben nicht mehr einsichtig ist.

Es sind längst nicht mehr nur theologische Außenseiter, welche den Bankrott der historisch-kritischen Bibelauslegung erklären[26]. Das Unbehagen an der Schulexegese hat längst die Theologiestudierenden erfaßt. Selbst Verfechter historisch-kritischer Exegese räumen gelegentlich ein, »daß weite Teile heutiger Exegese blutleer

bei Luther siehe *B. Rothen*, Die Klarheit der Schrift, 2 Teile, Göttingen 1980, Teil 1: Martin Luther: Die wiederentdeckten Grundlagen; *F. Beißer*, Claritas scripturae bei Martin Luther (FKDG 18), Göttingen 1966; *R. Hermann*, Von der Klarheit der Schrift. Untersuchungen und Erörterungen über Luthers Lehre von der Schrift in »De servo arbitrio« Berlin 1958.

26. Siehe z.B. *W. Wink*, Bibelauslegung als Interaktion. Über die Grenzen historisch-kritischer Methode, Stuttgart 1976, bes. S. 7ff.

wirken.« Man könne sich »des Eindrucks kaum erwehren, daß die herkömmlich angewandte Methode zuweilen die Texte ihrer Kraft buchstäblich beraubt«[27]. Noch weiter reicht die Kritik des katholischen Theologen Eugen Drewermann, die historisch-kritische Bibelauslegung zerstöre nicht nur das Leben der biblischen Texte, sondern das religiöse Leben insgesamt, weil sie die Dimension der Erfahrung völlig vernachlässige. Universitätstheologen und offizielle Kirchenvertreter hätten viele Jahre ihres Lebens damit zugebracht, von Dingen zu sprechen, die sie »nie gefühlt, nie erfahren, nie erlebt und nie erkannt, dafür aber allen erklärt, bewiesen, begründet und verkündet« hätten[28].

Im Kern lautet die sich formierende Kritik an der historisch-kritischen Exegese, daß sie dem Bedeutungsverlust der Bibel Vorschub leistet, indem sie zu einem religiösen Erfahrungsverlust führt. Entgegen ihrem erklärten Ziel gelinge es der historisch-kritischen Bibelauslegung nicht, die Lebens- und Erfahrungswelt der biblischen Schriften, ihrer Autoren und ihrer ursprünglichen Leser zu erschließen, geschweige denn diese mit unserer heutigen Erfahrungswelt zu vermitteln. Die Historie erwecke die alten Texte nicht zu neuem Leben, sondern sei deren Totengräber. Historische Textanalyse und Rekonstruktion verhindere jene Leseerfahrung, die doch das Ziel jeder Bibellektüre sein sollte, nämlich eine neue »Erfahrung mit der Erfahrung« zu machen[29].

So nimmt es nicht wunder, daß nach neuen, erfahrungsbezogenen Zugängen zur Bibel gesucht wird[30]. Um solche Zugänge be-

---

27. *G. Lüdemann,* Träume – die vergessene Sprache Gottes? Zur tiefenpsychologischen Exegese Eugen Drewermanns, MdKI 41, 1990, S. 67-73, hier S. 68. Siehe auch Lüdemanns ausführliche Kritik in: *G. Lüdemann,* Texte und Träume. Ein Gang durch das Markusevangelium in Auseinandersetzung mit Eugen Drewermann (BenshH 71), Göttingen 1992.
28. *E. Drewermann,* Tiefenpsychologie und Exegese II, Olten ⁵1989, S. 18.
29. Vgl. *G. Ebeling,* Schrift und Erfahrung als Quelle theologischer Aussagen, ZThK 65, 1978, S. 99-116, hier S. 114, der von der »gottgemäße[n] Erfahrung mit aller Erfahrung« in der Begegnung mit dem Wort Gottes gesprochen hat.
30. Einen Überblick über die verschiedenen Ansätze geben *W. Langer* (Hg.), Handbuch der Bibelarbeit, München 1987; *H.K. Berg,* Ein Wort wie Feuer. Wege lebendiger Bibelauslegung, München/Stuttgart 1991.

mühen sich je auf ihre Weise die Ansätze einer tiefenpsychologischen, einer feministischen, einer befreiungstheologischen oder auch einer materialistischen Exegese. So unterschiedlich ihre Zugangsweisen im einzelnen sind, so verbindet sie doch die Überzeugung, daß Sinn und Bedeutung biblischer Texte nicht auf die – historisch-kritisch zu erhebende – bewußte Aussageabsicht ihrer Verfasser reduziert werden dürfen, sondern daß auch Tieferliegendes, Unbewußtes in die Texte eingeflossen ist. Der Sinn eines biblischen Textes erschließe sich daher in vollem Umfang erst, wenn seine Tiefenschichten freigelegt würden. Gegenüber der von der historisch-kritischen Bibelauslegung postulierten Eindeutigkeit und Einsinnigkeit wird den Texten der Bibel somit eine Mehrdeutigkeit und Vielstimmigkeit zugestanden, wie sie – wenn auch unter anderen gedanklichen Voraussetzungen – in ähnlicher Weise die altkirchliche und mittelalterliche Lehre vom mehrfachen Schriftsinn angenommen hat. Führt also die Kritik an der historisch-kritischen Forschung zur Rehabilitierung der von dieser radikal verworfenen allegorischen Schriftauslegung?[31]

Unübersehbar sind jedenfalls die Berührungspunkte zwischen der vorreformatorischen Auslegungstradition und heutigen Ansätzen einer tiefenpsychologischen Exegese. Beiden gemeinsam ist zum einen der Erfahrungsbezug ihrer Bibelauslegung, näher hin der Bezug zur Erfahrung des persönlichen Glaubens. Tiefenpsychologische wie mittelalterliche Schriftauslegung versuchen den historischen Abstand zwischen den Texten und ihren heutigen Lesern zu überwinden, indem sie eine zeitübergreifende Dimension des Daseins geltend machen, an der die einer fernen Vergangenheit entstammenden Texte der Bibel wie ihre heutigen Leser in gleicher Weise partizipieren. Beide Auslegungsweisen teilen darum zum anderen die Überzeugung, daß die biblischen Texte nicht eindimensional gelesen werden dürfen, weil ihr Wortlaut

31. Unter dem Eindruck der Ergebnisse der Rezeptionsästhetik bzw. der literarischen Hermeneutik ist diese Frage von Hartwig Thyen aufgeworfen worden. Siehe *H. Thyen*, in: Seht, euer Gott. Sieben Auslegungen zu Passions- und Ostertexten aus dem Johannesevangelium, zur 51. Bibelwoche 1988/89, hg. v. Arbeitsgemeinschaft Missionarische Dienste (Texte zur Bibel 4), Neukirchen-Vluyn 1988, S. 12.

doppeldeutlich ist[32]. Wie die mittelalterliche Lehre vom mehrfachen Schriftsinn begreifen auch die verschiedenen Ansätze einer tiefenpsychologischen Schriftauslegung die Texte der Bibel nicht nur als historische Dokumente vergangener Glaubens- und Lebenserfahrungen, sondern auch als Medium heutiger, persönlicher Glaubenserfahrungen. Nach allegorischer wie nach tiefenpsychologischer Auffassung sprechen die biblischen Texte nicht nur den menschlichen Verstand, sondern alle Schichten des Daseins an. Sie haben es also auch mit unserem Körper und unseren Gefühlen zu tun.

Die Frage drängt sich auf, ob nicht das heutige Gespräch zwischen Tiefenpsychologie und biblischer Exegese zu einer Neubewertung der von den Reformatoren wie von der Aufklärung abgelehnten Tradition allegorischer Schriftauslegung führen muß. Gleiches gilt vom Bibliodrama, das den Zugang zu biblischen Texten auf dem Weg eines in einer Gruppe stattfindenden Spiel- und Interaktionsprozesses sucht, in dem sich Texterfahrung und Selbsterfahrung wechselseitig durchdringen[33]. »Im Bibliodrama tut sich nicht selten ein (auch) allegorisches Verstehen des Textes auf; die Allegorese kehrt zurück im mimischen Spiel«, wodurch nach Auffassung des Neutestamentlers Tim Schramm, der sich selbst intensiv mit dem Bibliodrama beschäftigt, Bedeutungen eines Textes entdeckt werden, »die sich oft als so evident erweisen, daß die strikte Abwehr einer allegorischen Auslegung durch die historisch-kritische Exegese als unangemessen erscheint«[34].

An den Universitäten führt die geistliche Exegese heute ein Schattendasein. Das gilt seit dem zweiten vatikanischen Konzil auch für die katholische Theologie, die sich seither den Methoden der historisch-kritischen Bibelauslegung geöffnet hat. Einzig in der katholischen Theologie Frankreichs hat sie sich in gewissem Umfang behaupten können. Vor allem das Lebenswerk der beiden

---

32. Zum Begriff vgl. *Y. Spiegel* (Hg.), Doppeldeutlich. Tiefendimensionen biblischer Texte, München 1978.
33. Einführend siehe *G.M. Martin*, Art. Bibliodrama, in W. Langer (Hg.), a.a.O. (Anm. 30), S. 305-310.
34. *T. Schramm*, Bibliodrama und Exegese, in: *A. Kiehn* u.a., Bibliodrama, Stuttgart 1987, S. 116-135, hier S. 132.

Jesuiten-Kardinäle Jean Daniélou und Henri de Lubac, die sich intensiv der Origenes-Interpretation gewidmet haben, muß in
diesem Zusammenhang erwähnt werden[35]. Im deutschen Sprachraum lebt die Tradition geistlicher Exegese im Werk des Theologen Hans Urs von Balthasar sowie in den Schriften Romano
Guardinis und Hugo Rahners fort.

Die Arbeiten Lubacs oder auch Hugo Rahners[36] sind für die gegenwärtige Diskussion auch deshalb bedeutsam, weil sie bereits
die Frage nach dem Verhältnis von Tiefenpsychologie und Exegese
aufgeworfen haben. Lubac etwa hat sich zwar gegen die Gleichset-
zung von göttlichem Geist *(pneuma)* und menschlicher Psyche
verwahrt und die geistliche Exegese von einer tiefenpsychologischen Bibelauslegung deutlich abgehoben. Gleichwohl konnte er
die Arbeiten Sigmund Freuds und Carl Gustav Jungs als Wegbereiter eines Denkklimas würdigen, das der alten Tradition geistlicher Schriftauslegung weitaus besser entspreche als dasjenige des
Rationalismus oder des Pragmatismus. Tiefenpsychologie und
philosophischer Existentialismus könnten den Weg zu einer Synthese von historisch-kritischer und geistlicher Schriftauslegung
bereiten[37]. Diesen Brückenschlag hält auch der katholische Theologe Josef Sudbrack für möglich und nötig. Einerseits bedürfe die
historisch-kritische Exegese der Rückbindung an die Tradition
geistlicher Schriftauslegung. Andrerseits müsse die geistliche Exegese in unserer Zeit tiefenpsychologisch fundiert werden. Die alte
Exegese sei von der Erfassung des Christus des Glaubens zu einer
zweiten Stufe der Schrifterschließung, nämlich zur Ebene der sub-
jektiven Betroffenheit des Lesers geschritten. Um diese bei dem
heutigen Wissensstand zu erreichen, seien Psychologie und Tiefenpsychologie unabdingbar[38].

35. Siehe u.a. *J. Daniélou,* Origène, Paris 1948.
36. Siehe u.a. *H. Rahner,* Griechische Mythen in christlicher Deutung, Basel
    ⁵1985.
37. Vgl. *H. de Lubac,* Geist aus der Geschichte. Das Schriftverständnis des
    Origenes (1950), dt. Einsiedeln 1968, S. 503.
38. Vgl. *J. Sudbrack,* Exegese und Tiefenpsychologie aus der Sicht geistlicher
    Exegese, in: *A. Görres/W. Kasper* (Hg.), Tiefenpsychologische Deutung
    des Glaubens? Anfragen an Eugen Drewermann (QD 113), Freiburg/Ba-
    sel/Wien 1988, S. 98-114.

Den Verfechtern einer streng historisch-kritischen Exegese müssen solche Überlegungen bedenklich erscheinen, auch dann, wenn Sudbrack darauf insistiert, eine von tiefenpsychologischen Analysen unterstützte geistliche Schriftauslegung müsse möglichst nahe beim biblischen Wortlaut bleiben. Denn die allegorische Exegese des Mittelalters erscheint nicht nur dem neuzeitlichen historischen Bewußtsein fragwürdig. Sie ist in der Reformationszeit schließlich auch wegen ihrer theologischen Voraussetzungen massiv kritisiert worden.

Schon die vorreformatorische Reformbewegungen hatten die Lehre vom vierfachen Schriftsinn verworfen. Aber erst Luthers These, allein die Schrift habe als Quelle und Norm des Glaubens zu gelten, weil allein der von ihr bezeugte Christus der Grund des Glaubens sei, allein aber der Glaube den Sünder vor Gott rechtfertige, stellte die Kritik an der Lehre vom vierfachen Schriftsinn auf eine neue theologische Grundlage. Das dreifache »allein« (solus) Luthers hat zur Voraussetzung, daß die Schrift in sich klar und für jedermann verständlich ist. Das Verstehen konzentriert sich darum bei Luther zunehmend auf den buchstäblichen Sinn. Für denjenigen, der von jenen Texten aus, deren Literalsinn sich eindeutig feststellen läßt, die Aussagen mehrdeutiger Texte zu interpretieren versucht, legt sich die Schrift selbst aus.

Trotz seiner Ablehnung der Lehre vom vierfachen Schriftsinn gehört allerdings auch Luther in die Tradition der geistlichen Schriftauslegung, insofern sein »Christus allein« in Verbindung mit dem »allein die Schrift« bedeutet, daß er das Alte Testament, die jüdische Bibel, als Christuszeugnis interpretiert. Während für Luther Jesus Christus der Literalsinn des Alten Testaments ist, besteht der buchstäbliche Sinn der alttestamentlichen Schriften für eine historisch-kritische Lektüre einzig in dem historisch Berichteten bzw. in der vorchristlichen Aussageabsicht der historischen Verfasser.

Aus Sicht der modernen Linguistik und der heutigen Literaturwissenschaften wird man sagen müssen, daß die Theorie des vierfachen Schriftsinns, die *sämtlichen* Texten der Bibel eine allegorische Bedeutung unterstellt, einen Kategorienfehler begeht. Was sie nämlich bei Texten, die von ihren Autoren gar nicht allegorisch gemeint sind, als weitere Bedeutungsebenen zu erkennen glaubt, sind in Wahrheit keine weiteren *Bedeutungen,* die dem *Text* innewohnen, sondern *Auslegungsebenen,* die der *Leser* wählt, um den Text auf sich und seine Lebenswelt zu beziehen. Seit dem 18. Jahrhundert unterscheidet die Hermeneutik zwischen dem Verstehen, dem Auslegen und dem Anwenden eines Textes[39]. Wendet man diese Einteilung des Interpretationsvorgangs auf die Lehre vom vierfachen Schriftsinn an, so wird man sagen müssen, daß diese Theorie das Verstehen und Auslegen eines Textes mit seiner Anwendung, der sogenannten Applikation verwechselt. Sie verwechselt Sinn und Bedeutung eines Textes mit seinem Gebrauch.

Meines Erachtens wird die Unterscheidung von Sinn und Gebrauch eines Textes auch in der gegenwärtigen Diskussion um das Recht alternativer Auslegungsmethoden, insbesondere einer tiefenpsychologischen Exegese, nicht immer hinreichend beachtet. Weithin handelt es sich bei allegorischen oder auch tiefenpsychologischen Auslegungen gar nicht im strengen Wortsinn um Interpretationen biblischer Texte, sondern um deren Applikation. Die Applikation hat ihren Sitz im Leben vor allem in Meditation und Predigt. Es fällt auf, daß beispielsweise J. Sudbrack die bleibende Bedeutung geistlicher Exegese vor allem an mittelalterlichen Predigten, z.B. des Mystikers Johannes Tauler nachweisen möchte[40]. Andererseits basiert auch E. Drewermanns populärer Kommentar zum Markusevangelium auf Predigten des Verfassers[41]. Ebenso wird das Bibliodrama von seinen Vertretern »als eine Weise der Predigt« betrachtet, »als Predigt nicht mehr eines einzelnen, sondern als Predigt der vielen, als Predigt der mündigen Gemeinde«[42].

---

39. Erstmals findet sich diese Unterscheidung bei dem pietistischen Theologen J. J. Rambach (1723). Vgl. *W. Schenk,* Art. Hermeneutik II, TRE 15, Berlin/New York 1986, S. 144-150, hier S. 144. Siehe dazu auch *H. R. Jauß,* Zur Abgrenzung und Bestimmung einer literarischen Hermeneutik, in *M. Fuhrmann* u.a. (Hg.), Text und Applikation (Poetik und Hermeneutik IX), München 1981, S. 459-481, hier S. 461.
40. Vgl. J. Sudbrack, a.a.O. (Anm. 38), S. 112ff.
41. *E. Drewermann,* Das Markusevangelium, 2 Bde., Olten ⁴1989/1988.
42. T. Schramm, a.a.O. (Anm. 34), S. 126.

Die Bedeutung einer tiefenpsychologischen Bibelauslegung und einer an die mittelalterliche Auslegungspraxis anknüpfenden geistlichen Exegese scheint mir darum zunächst gar nicht darin zu bestehen, auf einen von der historisch-kritischen Exegese übersehenen Hintersinn biblischer Texte aufmerksam zu machen, sondern darin, die jeder Interpretation gestellte Aufgabe der Applikation nachdrücklich in Erinnerung zu rufen[43]. Diese aber wird von der üblichen Praxis historisch-kritischer Bibelauslegung zu sehr vernachlässigt. Meines Erachtens muß die Diskussion um das sachliche Recht alternativer Auslegungsmethoden gerade in dieser Richtung vertieft werden. Die neuere philosophische Hermeneutik hat längst darauf hingewiesen, daß jede Interpretation eine Einheit von Verstehen, Auslegen und Anwenden eines Textes ist[44]. Zwar kann man der Allegorese und manchen Spielarten einer tiefenpsychologischen Exegese vorwerfen, zwischen Auslegung und Anwendung eines Textes nicht genügend zu unterscheiden. Dafür muß sich die historisch-kritischen Exegese vorhalten lassen, die Applikation von der Interpretation in unzulässiger Weise abzutrennen[45].

Der gegenwärtige Methodenstreit um die richtige Bibelauslegung kann aus falschen Alternativen herauskommen, wenn die

43. Zustimmung verdient daher m.E. das Konzept einer Bibelpsychologie als Psychologie der Rezeption biblischer Texte, wie es Anton Alois Bucher vorschlägt. Siehe *A.A. Bucher, Bibelpsychologie. Psychologische Zugänge zu biblischen Texten*, Stuttgart 1992, bes. S. 167-173. Gegenstand einer psychologischen Exegese biblischer Texte sind nach Bucher »nicht die psychischen Befindlichkeiten und Motive biblischer Individuen, ist nicht die Frage, ob Jakob einen Ödipuskomplex hatte; ihr Gegenstand *sind vielmehr wir selbst, insofern wir einen biblischen Text rezipieren und deuten*, (S. 167).

44. Siehe vor allem *H.G. Gadamer*, Wahrheit und Methode. Grundzüge einer philosophischen Hermeneutik (GW 1) Tübingen [5]1986.

45. Obwohl Klaus Berger den Blick auf das Problem der Applikation lenkt, fällt gerade seine Hermeneutik hinter das bereits erreichte Problembewußtsein zurück, indem er für eine strikte Trennung von Exegese und Applikation plädiert, die Interpretation als rein historische Rekonstruktion bestimmt und die Applikation tendenziell auf die ethische Anwendung biblischer Texte reduziert. Siehe *K. Berger*, Hermeneutik des Neuen Testaments, Gütersloh 1988, S. 108-124.

Ergebnisse der neueren Literaturwissenschaften in die Diskussion einbezogen werden[46]. Diese haben nachgewiesen, daß jedes Verstehen eines Textes immer schon zugleich eine Form der Aneignung ist. Sie zeigen außerdem, daß der buchstäbliche Sinn eines Textes keineswegs so eindeutig feststeht, wie uns die historisch-kritische Exegese glauben machen will. Nach Auffassung der herkömmlichen historisch-kritischen Bibelauslegung besteht der Sinn eines Textes in dem, was sein Verfasser seinen einstigen Lesern hat sagen wollen. Ihr Ziel ist daher die Rekonstruktion der Aussageabsicht des historischen Autors. Es verhält sich aber gar nicht so, daß der Autor die Bedeutung seines Textes ein für allemal festlegen könnte. Vielmehr ist es der Leser, der den Sinn eines Textes im Akt des Lesens jeweils neu, und zwar vermutungsweise, festlegen muß[47]. Der Text erhält im Akt des Lesens vermutungsweise einen Sinn, indem der Leser die Leerstellen ausfüllt, welche jeder, vor allem ein poetischer Text, hat Räume des Nicht-Gesagten und des Schon-Gesagten[48]. Dabei stellt der Leser Sinnbezüge zu seiner eigenen Lebenswelt wie auch zu anderen Texten her, die der Autor keineswegs gekannt oder im Blick gehabt haben muß. Nicht nur die Überlieferung von Texten, sondern auch ihre Lektüre hat zudem eine Geschichte, in deren Verlauf sich die Sinnfülle der Texte immer weiter steigert. Im Laufe seiner Überlieferungsgeschichte

---

46. Einen Überblick über die literaturwissenschaftliche Diskussion gibt *R. Warning* (Hg.), Rezeptionsästhetik (UTB 303), München ³1988. Zur Rezeption der literaturwissenschaftlichen Debatte innerhalb der biblischen Exegese siehe *J. Frey*, der implizite Leser und die biblischen Texte, ThBeitr 23, 1992, S. 266-290; *P. Müller*, »Verstehst du auch, was du liest?« Lesen und Verstehen im Neuen Testament, Darmstadt 1994, bes. S. 120ff. Zur Aufgabenstellung einer Theologie des Lesens siehe grundsätzlich *K. Huizing/U. Körtner/P. Müller*, Lesen und Leben. Drei Essays zur Grundlegung einer Lesetheologie, Bielefeld 1997.

47. Vgl. *M. Frank*, Die Grenzen der Beherrschbarkeit der Sprache, in: *P. Forget* (Hg.), Text und Interpretation. Deutsch-französische Debatte (UTB 1257), München 1984, S. 181-213, bes. S. 202.

48. Siehe dazu vor allem *W. Iser*, Der Akt des Lesens. Theorie ästhetischer Wirkung (UTB 636), München 1976, ²1984; *ders.*, Der implizite Leser. Kommunikationsformen des Romans von Bunyan bis Beckett (UTB 163), München 1972; *U. Eco*, Lector in fabula. Die Mitarbeit der Interpretation in erzählenden Texten, München 1987.

provoziert ein Text immer neue Sinnverbindungen, die sein Autor noch gar nicht übersehen konnte.

Die alte Lehre vom vierfachen Schriftsinn hat von diesen Zusammenhängen mehr geahnt als die herkömmliche Praxis historisch-kritischer Bibelauslegung. Übersieht die heute vorherrschende historisch-kritische Exegese die Autonomie des Textes gegenüber seinem Autor, so freilich die Allegorese im Extremfall seine Autonomie gegenüber dem Leser. Dessen ungeachtet behalten Typologie und Allegorese ihr Recht, insofern jeder Akt des Bibellesens ein doppelter Auslegungsvorgang ist: In ihm wird nicht etwa nur der Text durch den Leser ausgelegt, sondern auch umgekehrt der Leser durch den Text. Allegorische oder typologische Exegese legt weniger den Text als seinen Leser aus, gehört aber insofern legitimerweise in einen ganzheitlichen Akt des Lesens.

Im besten Fall erinnert uns die alte Lehre vom vierfachen Schriftsinn daran, daß die Texte der Bibel eine poetische Qualität haben. Sie sind darum polyphon wie eine vielstimmige Musik, mehrdeutig, offen für Übertragungen und Assoziationen. Sie bringen ihre Leser und Hörer wie Resonanzböden zum Schwingen und Klingen. Frei nach Paulus können wir schließen: Es sind mancherlei Auslegungen, Deutungen und Anwendungen, aber es ist *ein* Geist, der da wirkt alles in allen – freilich nicht ohne Exegese, sondern in mit und unter derselben.

6. Offene Fragen ökumenischer Spiritualität

Wenn heute in ökumenischer Perspektive nach den Reichtümern christlicher Spiritualität gefragt wird, sehen sich alle Kirchen gemeinsam vor große Herausforderungen gestellt. Eine erste Herausforderung besteht im Wandel des Verständnisses von christlicher Frömmigkeit. Frömmigkeit wird heute ja nicht selten mit Bigotterie gleichgesetzt. Das Aufkommen und der bisweilen geradezu bedenkenlose Gebrauch des Wortes »Spiritualität« erklärt sich jedoch nicht allein aus der vermeintlichen Antiquiertheit des Frömmigkeitsbegriffs. Hinter dem Wechsel der Ausdrucksweise verbirgt sich vielmehr eine Akzentverlagerung christlicher Frömmigkeit von der Christologie zur Pneumatologie, d.h. zur Lehre vom Heiligen Geist. Sofern die Rede vom Heiligen Geist trinitarisch verankert, d.h. aber auch an das Bekenntnis zu Jesus Christus rückgebunden bleibt, ist diese Entwicklung durchaus zu begrüßen. Sie eröffnet auf ökumenischer Ebene ganz neue Möglichkeiten der Begegnung und der wechselseitigen Bereicherung der verschiedenen Frömmigkeitstraditionen. Problematisch ist allerdings, wenn im Zusammenhang mit kontextuellen Theologien und mit dem interreligiösen Dialog der Geistbegriff von seinen trinitarischen Bezügen gelöst und nicht mehr biblisch gefüllt, sondern auf diffus synkretistische oder auch neognostische Weise interpretiert wird.

In dieser Hinsicht verdient auch die inflationäre Rede vom Heiligen, von Schöpfung und Natur im Kontext einer sogenannten Schöpfungsethik kritische Aufmerksamkeit, weil die Grenzen zwischen christlicher Schöpfungslehre und einer diffusen Naturfrömmigkeit oftmals nicht mehr erkennbar sind. Christlicher Schöpfungsglaube basiert auf der grundlegenden Unterscheidung zwischen Gott und Welt, zwischen Schöpfer und Geschöpf, so sehr ihr Zusammensein betont wird. Das unterscheidet christliche Schöpfungsfrömmigkeit von einer kosmotheistischen Spiritualität, die Gott und Natur gleichsetzt. In diesem Zusammenhang ist daran zu erinnern, daß nach biblischem Zeugnis zur christlichen Spiritualität das Charisma der Unterscheidung der Geister gehört.[49]

Eine zweite Herausforderung an Theologie und Kirche ist der Traditionsabbruch, der inzwischen die Kirchen in der modernen Gesellschaft erfaßt hat. Einerseits sind neue religiöse Aufbrüche zu verzeichnen, die sich vom herkömmlichen Christentum immer mehr entfernen. Andererseits brechen kirchliche Frömmigkeitstraditionen angesichts fehlender Kontinuität bei der religiösen Sozialisation immer mehr ab. Die Reichtümer ökumenischer Spiritualität drohen verlorenzugehen oder nur noch als museale Traditionsbestände binnenkirchlicher Milieus verwaltet zu werden. Gleichzeitig ist eine gewisse Stagnation der ökumenischen

49. Vgl. I Joh 4,1.

Bewegung zu beklagen. Es stellt sich daher die Frage, aus welchen Quellen neues geistliches Leben entstehen kann.

Angesichts des Stillstands der ökumenischen Bewegung im Bereich der sogenannten Konsensökumene, d.h. der Ökumene kirchlicher Lehrgespräche, kommt der Suche nach Quellen lebendiger Spiritualität besondere Bedeutung zu. Denn die Hoffnung erscheint nicht unbegründet, daß gemeinsame spirituelle Erfahrungen zur vertieften Annäherung der christlichen Kirchen führen. Die Möglichkeit solcher Erfahrungen besteht freilich nur, wo die Kirchen nicht nur miteinander im Gespräch bleiben, sondern einander Gastfreundschaft gewähren und nach Möglichkeiten gemeinsamen Lebens suchen. Solange freilich die wechselseitige Gastfreundschaft bei der Feier des Abendmahls – aus welchen vermeintlich zwingenden theologischen Gründen auch immer – verweigert wird, kann vom gemeinsamen Teilen der Reichtümer christlicher Spiritualität nur in einem eingeschränkten Sinne die Rede sein.

VII. Christentum und Synkretismus

1. Das Christentum – eine synkretistische Religion

Zu den Herausforderungen, vor denen das Christentum und die Kirchen heute stehen, gehört der moderne Synkretismus in all seinen Facetten. Davon war bereits im ersten Kapitel ausführlich die Rede. Entgegen mancher einseitiger Kritik an Phänomenen heutiger Religiosität ist der Begriff des Synkretismus allerdings theologisch durchaus wieder zu Ehren zu bringen. Eine produktive theologische Auseinandersetzung mit dem Phänomen des Synkretismus ist nämlich schon allein deshalb notwendig, weil das Christentum selbst von jeher synkretistisch gewesen ist.[1] Die sog. religionsgeschichtliche Schule hat sich darum bemüht, die verschiedenen Einflüsse der spätantiken Umwelt auf das älteste Christentum zu erforschen. Allerdings schränkte Hermann Gunkel, einer ihrer Hauptvertreter, ein: »Nicht das Evangelium Jesu, wie wir es vorwiegend aus den Synoptikern kennen, aber das Urchristentum des Paulus und Johannes ist eine synkretistische Religion.«[2]

Die Geschichte der Entstehung und Ausbreitung des Christentums ist durch Aufnahme und Ausschluß von Elementen aus anderen religiösen Traditionen gekennzeichnet. Ähnliches gilt aber auch schon für die Geschichte des Judentums, in dem das Christentum seine Wurzeln hat. Ohne die lebendige Auseinandersetzung mit anderen Religionen in Anknüpfung und Widerspruch wäre die Missionsgeschichte des Christentums undenkbar gewesen. Jede Weise der Inkulturation des Christentums ist in gewissem Grade eine Form des Synkretismus.

1. Das folgende Kapitel ist auch unter dem Titel »Synkretismus und Differenzwahrnehmung als Problem einer Theologie der Religionen« erschienen in: *Chr. Danz/U. Körtner* (Hg.), Theologie der Religionen. Positionen und Perspektiven evangelischer Theologie, Neukirchen-Vluyn 2005, S. 59-78 (hier leicht gekürzt).
2. *H. Gunkel*, Zum religionsgeschichtlichen Verständnis des Neuen Testaments, Göttingen ³1930, S. 88.

Worin aber besteht das unterscheidend Christliche, das die Kirchen über alle Konfessionsgrenzen hinweg verbindet und von den übrigen Religionen unterscheidet? Was ist das theologische Kriterium für Legitimität und Grenzen des Synkretismus im Christentum? Für Gunkel war dies, wie das obige Zitat belegt, »das Evangelium Jesu«. Das Christentum beginnt jedoch damit – und insofern ist Gunkels Alternative zwischen Jesus und Paulus bzw. Johannes schief – daß der Verkündiger Jesus von Nazareth zum Gegenstand des Glaubens und der Verkündigung wurde. Formelhaft lautet das älteste christliche Bekenntnis, daß Gott Jesus von den Toten auferweckt hat.

Im Bekenntnis zur universalen Heilsbedeutung der Person, des Todes und der Auferweckung Jesu von Nazareth, das sich in der Formel verdichtet, daß Jesus der Christus ist, haben wir das Proprium des Christentums vor uns, durch welches es sich von den anderen Religionen unterscheidet. Sofern man dieses jedoch nicht auf bloße Formeln reduzieren will, begegnet es uns wiederum nur in einer Vielzahl von Auslegungen, die immer auch geschichtlich bedingt und kulturell geprägt sind. An alle geschichtlichen und gegenwärtigen Transformationen ist aber das Kriterium anzulegen, ob Christus als letztgültige Heilsoffenbarung die Mitte des Glaubens bleibt, oder ob er einem anderen religiösen Heilsereignis oder Prinzip untergeordnet wird. Nur wenn ersteres der Fall ist, sind synkretistische Prozesse theologisch legitim und können den Horizont des christlichen Glaubens erweitern.

In bestimmter Hinsicht läßt sich auch die moderne ökumenische Bewegung als Erscheinungsform des Synkretismus begreifen. Ganz so, wie nach Plutarch die Kreter in der Stunde der Gefahr zusammenrückten, um sich gegen gemeinsame Feinde zu wehren, stellen heutzutage auch die Kirchen im nachkonstantinischen Zeitalter, wo sie ihre Privilegien als Staatsreligion weitgehend verloren haben, und in der multireligiösen Situation einer globalisierten Welt, das Gemeinsame über das Trennende. Für die einzelnen Konfessionen ist das eine schwierige Gratwanderung. Gegenüber ihrer Umwelt versuchen sie das gemeinsam Christliche herauszustellen. Zugleich sind sie darum bemüht, ihr jeweiliges

Profil zu schärfen und gegenüber den übrigen Kirchen ihre Eigenständigkeit zu betonen.

Die ökumenische Bewegung lebt vom Reichtum und der Vielfalt der unterschiedlichen christlichen Traditionen, die sich wechselseitig bereichern und befruchten, aber auch immer wieder neu theologisch zu gemeinsamer Wahrheitssuche herausfordern. Wie die verschiedenen Religionen stehen die christlichen Konfessionen freilich auch in einer gewissen Konkurrenz zueinander, etwa wenn es um die Rekrutierung neuer Mitglieder geht. Die orthodoxen Kirchen verurteilen z.B. scharf alle Evangelisationsbestrebungen anderer Kirchen in Osteuropa als Proselythismus. Für die Kirchen ist es aber wichtig, mit dieser ökumenischen Konkurrenzsituation so umzugehen, daß ihr Verhalten nicht auf einen für alle Beteiligten schädlichen Exklusivismus partikularer Wahrheitsansprüche hinausläuft, der die christliche Botschaft von der universalen Liebe Gottes zu allen Menschen letztlich unglaubwürdig macht.

Gerade für die Ökumene ist nun aber der interreligiöse Synkretismus eine theologische Herausforderung ersten Ranges. Die Frage, wann die notwendige Inkulturation des Christentums, die in den vergangenen Jahrzehnten eine Vielzahl sogenannter kontextueller Theologien hat entstehen lassen, in seine Verfälschung umschlägt, ist Gegenstand heftiger Kontroversen. Dabei verlaufen die Trennlinien quer durch die Konfessionen.

Für Aufregung sorgte z.B. ein Beitrag der koreanischen Theologin Chung Hyun Kyung auf der Vollversammlung des Weltrats der Kirchen in Canberra 1991. In einer liturgischen Zeremonie hatte sie die »Geister« angerufen: »Komm Ruach Hagars, einer Ägypterin, einer schwarzen Magd, die von Abraham und Sarah, unseren Vorfahren im Glauben, ausgebeutet und verlassen wurde ... Komm, Ruach der Urvölker der Erde, die dem Völkermord in der Kolonialzeit und in der Epoche der großen christlichen Heidenmission zum Opfer fielen ... Komm, Ruach der Juden, die im Holocaust in den Gaskammern ermordet wurden ... Komm, Ruach von Mahatma Gandhi, Steve Biko ... Komm, Ruach von Erde, Luft und Wasser, von menschlicher Gewaltgier gefoltert und ausgebeutet. Komm, Ruach des Befreiers, unseres Bruders Jesus, der am Kreuz gefoltert und getötet wurde.«[3] Daß es sich bei dieser Anrufung noch um ein christliches Gebet handelt, wurde von vielen Beobachtern bezweifelt. Andere dagegen haben Frau Chungs Ritual als wegweisenden Versuch der Inkulturation christlicher Glaubensgehalte verteidigt. Mag dies auch umstritten bleiben, läßt sich doch auf jeden Fall feststellen: »Deutsche Kirchtürme zwischen Dattelhainen Südindiens werden mehr und mehr auch als ein dogmatisches Problem empfunden.«[4]

2. Theologie der Religionen

Das Verhältnis zu den nichtchristlichen Religionen in Anknüpfung und Widerspruch zu bestimmen, ist die Aufgabe einer Theologie der Religionen. Eine *Theologie* der Religionen ist vom *Dialog* der Religionen nochmals zu unterscheiden. Während der Dialog die Kommunikation zwischen den Religionen oder Angehörigen derselben meint, ist unter Theologie der Religionen die theologieimmanente Reflexion auf die Existenz und Vielfalt der anderen Religionen zu verstehen. Sie wird aus der jeweiligen Perspektive der Zugehörigkeit zu einer bestimmten Religion betrieben. Dementsprechend gibt es eine christliche, eine jüdische, eine islamische oder eine buddhistische Theologie der Religionen. Es liegt auf der Hand, daß eine Theologie der Religionen auf die direkte Begegnung und den Dialog mit anderen Religionen angewiesen ist, will sie nicht ihren Vorurteilen über die anderen religiösen Traditionen erliegen. Eine Theologie der Religionen hat auch die

---

3. Zitiert nach: *H.-M. Barth*, Spiritualität (ÖkSt 2), Göttingen 1993, S. 144f.
4. *H.-M. Barth*, Dogmatik. Evangelischer Glaube im Kontext der Weltreligionen. Ein Lehrbuch, Gütersloh 2001, S. 46. – Barths Versuch, auf religionsphänomenologischer Basis eine dogmatische Rechenschaft des christlichen Glaubens in der Konfrontation mit anderen Religionen zu schreiben und christliche Glaubensaussagen auf ihre interreligiösen Anschlußmöglichkeiten hin zu überprüfen, verdient Beachtung. Die Durchführung des Programms hat mich freilich, wie ich weiter unten am Beispiel der Trinitätslehre darlegen werde, nicht überzeugt. Siehe unten Abschnitt 6.

jeweilige Differenz zwischen der Selbstdeutung einer fremden Religion und der Fremddeutung aufgrund der eigenen Glaubenstradition zu reflektieren. Dialog und Theologie der Religionen bleiben somit aber unterschieden.

Üblicherweise unterscheidet man drei Grundmodelle einer Theologie der Religionen, nämlich ein exklusivistisches, ein inklusivistisches und ein pluralistisches Konzept.[5] Das *exklusivistische* Modell operiert mit der Unterscheidung von wahrer und falscher Religion. Ihm gemäß kann es letztlich nur eine wahre Religion geben, wogegen alle übrigen Religionen illegitime Gestalten der Gottesverehrung, Abfall von der wahren Religion oder Perversionen derselben darstellen.

Der *inklusivistische* Denkansatz hält daran fest, daß einzig in Christus die Fülle des Heils erschienen ist, rechnet aber damit, daß auch andere Religionen Elemente der Wahrheit und des Heils enthalten. Das Modell einer inklusivistischen Theologie der Religionen reicht historisch bis in die Anfänge der Kirche zurück und wird z.B. seit dem II. Vatikanum ausdrücklich von der römisch-katholischen Kirche vertreten.[6] Freilich läßt sich einwenden, daß dieses Modell die nichtchristlichen Religionen christlich zu vereinnahmen sucht. Zum anderen wird heute kritisiert, daß eine inklusivistische Religionstheologie den Anderen oder das Andere in seinem Anderssein nicht wirklich anerkennt, sondern im Fremden immer nur das Eigene sucht, ohne sich durch das Andere wirklich in Frage stellen zu lassen.

Derartige Einwände führen zu *pluralistischen* Modellen einer Theologie der Religionen, die freilich höchst kontrovers diskutiert werden.[7] Nach Ansicht der pluralistischen Religionstheologie sind

5. Vgl. *R. Bernhardt*, Der Absolutheitsanspruch des Christentums. Von der Aufklärung bis zur Pluralistischen Religionstheologie, Gütersloh 1990; *ders.*, Aufbruch zu einer pluralistischen Theologie der Religionen, ZThK 91, 1994, S. 230-246; *P. Schmidt-Leukel*, Zur Klassifikation religionstheologischer Modelle, Cath 47, 1993, S. 163-183.

6. Grundlegend sind die Aussagen der Konzilserklärung zu den nichtchristlichen Religionen »Nostra aetate«.

7. Zum Stand der Diskussion siehe vor allem *M. v. Brück/J. Werbick* (Hg.), Der einzige Weg zum Heil? Die Herausforderung des christlichen Absolutheitsanspruchs durch pluralistische Religionstheologien (QD 143),

alle Religionen in gleicher Weise subjektiv wahr und überzeugend wie objektiv partikular. Keine Religion kann daher für sich beanspruchen, die einzig wahre zu sein. Auch für Christus kann darum nicht Einzigkeit, sondern lediglich Einzig*artigkeit* postuliert werden. Widersprüche zwischen den divergierenden Lehrgehalten der verschiedenen Religionen werden dadurch theoretisch ausgeglichen, daß sie als Formen der religiösen Poesie bzw. als Ausdruck subjektiver Ergriffenheit interpretiert werden.

Am pluralistischen Konzept einer Theologie der Religionen ist freilich zu kritisieren, daß es auf seine Weise ebenfalls das Anderssein des Anderen in Frage stellt, und zwar dergestalt, daß dieses relativiert, d.h. vergleichgültigt wird. Die vage Rede von Transzendenz ist eine Abstraktion, die das Anstößige der widersprüchlichen Divergenz konkreter Gottes- bzw. Göttererfahrungen entschärft. Außerdem leistet das Modell einer pluralistischen Religionstheologie einer höchst problematischen Relativierung der Wahrheitsfrage Vorschub, welche die für alle Religionen doch konstitutive Verbindlichkeit des Glaubens für die jeweilige Art der Lebensführung in Frage stellt.[8]

Im übrigen kann selbst eine pluralistische Theologie der Religionen ein Mindestmaß an Inklusivismus gar nicht vermeiden. Jeder Dialog setzt nämlich zumindest eine Verständigung über gemeinsame Regeln des Gesprächs oder der Wahrheitsfindung voraus. Der heimliche Inklusivismus des pluralistischen Religions-

---

Freiburg/Basel/Wien 1993; *R. Schwager* (Hg.), Christus allein? Der Streit um die pluralistische Religionstheologie (QD 160), Freiburg/Basel/Wien 1996; *H.-G. Schwandt* (Hg.), Pluralistische Theologie der Religionen. Eine kritische Sichtung, Frankfurt a.M. 1998.

8. Insoweit ist die scharfe Kritik verständlich, welche die römisch-katholische Kongregation für die Glaubenslehre in ihrem Dokument »Dominus Iesus« an Konzeptionen einer pluralistischen Theologie der Religionen geübt hat, auch wenn ihre ekklesiologischen Aussagen zu den reformatorischen Kirchen, denen ihr Kirchesein abgesprochen wird, aus evangelischer Sicht unannehmbar sind. Zur Kritik an der pluralistischen Religionstheologie siehe v.a. Dominus Iesus Nr. 4 und Nr. 6. Wieweit »Dominus Iesus« aber eine theologisch angemessene Antwort auf das Problem des religiösen Pluralismus und des modernen Synkretismus gibt, steht auf einem anderen Blatt.

modells zeigt sich freilich nicht nur in formaler, sondern auch in inhaltlicher Hinsicht. Z.B. unterstellt J. Hick, daß es allen Religionen um die Vermittlung von Heil geht und bemißt sie am Kriterium der »soteriologischen Effizienz«.[9] Damit formuliert Hick nun allerdings ein inklusivistisches Kriterium für den interreligiösen Dialog, auch wenn es bei ihm unscharf bleibt.

3. Differenzwahrnehmung als Problem einer Theologie der Religionen

Ausgangspunkt jeder Theologie der Religionen ist die Wahrnehmung von Verschiedenheit. Das verbindet eine Theologie der Religionen mit der Aufgabenstellung ökumenischer Theologie, welche das Problem der Vielfalt und Einheit der christlichen Konfessionen bearbeitet. Aber auch jede Form des Synkretismus hat Verschiedenheit, d.h. Differenzerfahrungen zur Voraussetzung. Denn jeder Synkretismus ist eine Synthetisierungsleistung, d.h. der Versuch, eine Synthese von ursprünglich Verschiedenem herzustellen. Wenn der Synkretismus Konvergenzen oder gar Identität zwischen unterschiedlichen religiösen Symbolsystemen zu erkennen glaubt, kann man doch nicht einfach behaupten, daß diese immer schon bestehen. Die behauptete Vergleichbarkeit, Konvergenz oder Identität ist immer eine Konstruktion, sei es des individuellen religiösen Bewußtseins oder sei es eine Synthese, die von den religiösen Autoritäten einer Gemeinschaft aufgestellt wird. Dementsprechend kann man fragen, wie die unterschiedlichen Konzeptionen einer Theologie der Religionen Differenzen wahrnehmen und wie sie diese aus der jeweiligen Perspektive einer konkreten Religion oder religiösen Tradition bearbeiten. Dabei stellt sich die Frage, inwieweit wahrgenommene Unterschiede gleichbedeutend mit Trennungen oder auch Widersprüchen und konkurrierenden Geltungsansprüchen sind.

9. Vgl. *J. Hick*, Problems of Religious Pluralism, London ²1988; *ders.*, An Interpretation of Religion. Human Responses to the Transcendent, London 1989.

Freilich ist nicht jeder Versuch einer Synthese, sondern schon die Wahrnehmung von Differenz eine Konstruktion. Differenzen bestehen nicht einfach, sondern sie werden dadurch gesetzt, daß eine Unterscheidung vorgenommen wird. Das zeigt bereits ein Blick in die Religionsgeschichte. Neue Religionen entstehen ihrem Selbstverständnis nach aufgrund von Offenbarungen, die man mit I.T. Ramsey als Erschließungssituationen (»disclosures«)[10] bezeichnen kann, die zu einer neuen Gesamtdeutung menschlicher Existenz und der Wirklichkeit als ganzer führt. Charakteristisch für solche Offenbarungsereignisse ist aber immer auch die Markierung einer Differenz. Dieser Vorgang läßt sich sowohl systemtheoretisch, semiotisch oder auch konstruktivistisch deuten.

Der Ägyptologe Jan Assmann hat den angesprochenen Sachverhalt am Beispiel der »mosaischen Unterscheidung« zwischen Jahweverehrung und ägyptischer Religion untersucht, die auf eine Unterscheidung zwischen wahrer und falscher Religion hinausläuft. In der Sicht des henotheistischen ersten Dekaloggebotes und vergleichbarer monotheistischer Religionen »gibt es keinen natürlichen oder evolutionären Weg, der vom Irrtum der Idolatrie zur Wahrheit des Monotheismus führt. Diese Wahrheit kann nur von außen kommen, durch Offenbarung.«[11] Ähnlich wie der altisraelitische Jahweglaube sind auch die übrigen monotheistischen Religionen Gegenreligionen. Das ließe sich für das Christentum ebenso wie für den Islam zeigen.

Auf der individuellen Ebene zeigt sich dies beispielhaft an der Bekehrung des Apostels Paulus. Sie führt nicht nur zu einem Bruch in seiner Biographie und einer religiösen Umwertung aller Werte – wenn man die schroffen Aussagen in Philipper 3,1-11 einmal so nennen darf – sondern auch zu trennscharfen Abgrenzungen gegenüber einem Verständnis des christlichen Glaubens, das auf die judenchristliche Beschneidungsforderung gegenüber Nichtjuden

---

10. *I.T. Ramsey*, Religious Language, London 1957. H.M. Barth, a.a.O. (Anm. 4), S. 144ff spricht von »Schlüsselerlebnissen«. Seine Definition des Begriffs ist freilich ungenau, schon weil die Unterscheidung zwischen Erlebnis und Erfahrung nicht genügend beachtet wird.

11. *J. Assmann*, Moses der Ägypter. Entzifferung einer Gedächtnisspur, München 1998, S. 24.

hinausläuft. Wo die judenchristlichen Gegner des Paulus eine Kontinuität zum Judentum aufrecht erhalten wollen, propagiert Paulus in Verkündigung und religiöser Praxis eine fundamentale Diskontinuität. Wo umgekehrt das Judenchristentum Unterscheidungen aufrecht hält – z.b. im Fall der jüdischen Reinheitsgebote – verkündigt Paulus statt dessen die Aufhebung vormaliger Trennungen. Die durch die Beschneidung symbolisierte Unterscheidung zwischen jüdischer und nichtjüdischer Religion ist nach Überzeugung des Paulus durch die Christusoffenbarung hinfällig geworden: »Denn in Christus Jesus gilt weder Beschneidung noch Unbeschnittensein etwas, sondern Glaube, der durch die Liebe fähig ist« (Galater 5,6).[12] An die vormalige Leitunterscheidung zwischen Beschnittenheit und Unbeschnittenheit tritt nun eine andere, nämlich die zwischen Christusglaube und Unglaube, die ihrerseits rituell symbolisiert wird, nämlich durch die Unterscheidung zwischen Getauften und Nichtgetauften. Paulus verdankt diese Einsicht nicht eigenem Nachdenken, sondern einer persönlichen Christusoffenbarung.[13]

Theologisch sind weitere Unterscheidungen von grundlegender Bedeutung. Die elementarste, welche Judentum und Christentum treffen, ist diejenige zwischen Gott und Welt bzw. Gott und Mensch. In abstrakterer Form handelt es sich um die Unterscheidung zwischen Immanenz und Transzendenz. Unterschieden werden muß aber auch zwischen Offenbarung und Religion, weil andernfalls die Manifestation Gottes oder des Absoluten mit seiner partikularen Symbolisierung in der Form eines religiösen Zeichensystems zusammenfiele.

Und schließlich werden mit und an dem Religionsbegriff selbst Unterscheidungen vorgenommen. Zum einen läßt sich zwischen Religion und Religionen differenzieren, zum anderen zwischen religiös und nichtreligiös bzw. profan. Je nachdem, wie diese Unterscheidungen vollzogen werden, ändert sich auch das Verständnis von Gemeinsamkeiten oder Ähnlichkeiten, die zwischen unterschiedlichen Phänomenen wahrgenommen werden. Wie einerseits mit Hilfe des Religionsbegriffs Unterscheidungen vorgenommen

---

12. Vgl. auch Gal 3,28.
13. Vgl. Gal 2,11-24.

werden, so wird mit seiner Hilfe andererseits auch eine Synthese vollzogen, welche die Einheit von Verschiedenem behauptet. Das gilt für jeden singularischen Religionsbegriff, in der Religionswissenschaft und in der Religionsphilosophie ebenso wie in der Theologie, ganz gleich, ob er phänomenologisch oder funktionalistisch formuliert wird. Jeder Begriff von Religion, selbst wenn er als rein deskriptiver Terminus bestimmt wird, hat normative Qualität und vollzieht Abgrenzungen unterschiedlicher Reichweite. Ob z.B. der ursprüngliche Buddhismus eine Religion ist oder nicht, oder ob Joggen, Fußballeidenschaft und Popkultur religiöse Phänomene sind, hängt bekanntlich immer vom jeweils vorausgesetzten Religionsbegriff und seinen Einzelbestimmungen ab.

Gegenüber einer Religionstheorie und Religionstheologie, welche von einem singularischen bzw. einem generalisierenden Religionsbegriff ausgeht, der mehr oder weniger vom Christentum übernommen bzw. an ihm gewonnen worden ist, bedeutet die Diskussion über Programme einer Theologie der Religionen insofern einen Erkenntnisfortschritt, als mit dem Plural »Religionen« die Wahrnehmung von Differenzen den Ausgangspunkt des Nachdenkens bildet. Gemeinsamkeit und Verschiedenheit der als Religionen bezeichneten Zeichen- und Sozialsysteme läßt sich m.E. am besten mit L. Wittgensteins Begriff der Familienähnlichkeit unterschiedlicher Sprachspiele charakterisieren.[14] Familienähnlichkeit bedeutet etwas anderes, als für alle Religionen einen kleinsten gemeinsamen Nenner zu behaupten. Es braucht nicht jedes als Religion bezeichnete Zeichensystem mit allen anderen eine Gemeinsamkeit haben, sondern es genügt, daß sich einzelne Zeichen- oder Funktionssysteme überschneiden, die wiederum mit anderen Zeichensystemen gewisse Schnittmengen bilden. So entsteht, wenn man es mengentheoretisch betrachtet, eine polyzentrische Komplexität.

---

14. Vgl. *L. Wittgenstein*, Philosophische Untersuchungen (stw 203), Frankfurt a.M. 1977, Teil I, Nr. 67 (S. 57).

4. Theologie und Dialog der Religionen

Wie schon gesagt wurde, ist eine Theologie der Religionen vom
Dialog der Religionen zu unterscheiden. Sinnvollerweise läßt sich
aber fragen, welche Funktion eine Theologie der Religionen für
den Dialog der Religionen hat und umgekehrt. Ein interreligiöser
Dialog kann auf verschiedenen Ebenen stattfinden. Im Anschluß
an D.L. Eck unterscheidet der evangelische Theologe Hans-Martin
Barth zwischen Konferenzdialog, institutionellem Dialog, theo-
logischem Dialog, Dialog in der Gemeinschaft bzw. Dialog des Lebens, spirituellem Dialog und innerem Dialog.[15]

Die Unterscheidung zwischen Dialog und Theologie der Religionen ist unter anderem deshalb wichtig, um die Aufgabenstellung einer Theologie der Religionen klarer zu begrenzen. Als
theologische Theorie ist eine Theologie der Religionen kein Instrument, um interreligiöse Einheit zwischen Religionsgemeinschaften zu stiften, ebensowenig wie eine ökumenische Hermeneutik ein Instrument zur Überwindung kirchlicher Spaltungen
ist. Ziel einer Theologie der Religionen ist eine differenztheoreti-
sche Hermeneutik, welche aus der Perspektive einer konkreten
Religion die hermeneutischen Bedingungen des interreligiösen
Gespräches zu klären versucht. In der Formulierung solcher Bedingungen liegt immer schon eine gewisse Synthetisierungsleistung, die aber nicht mit einer synkretistischen Religionssynthese
zu verwechseln ist.

Das gilt in ähnlicher Weise für die ökumenische Bewegung im
Christentum, die weiter oben in gewisser Hinsicht als synkretisti-
sches Phänomen interpretiert wurde. Auch wenn die konfessionellen Unterschiede heutzutage vornehmlich als gottgewirkte und
insofern theologisch legitime Verschiedenheit interpretiert werden, haben sie teilweise nach wie vor eine kirchentrennende Qualität. Kirchentrennungen sind aber, wie der Theologe Ingolf U.
Dalferth treffend formuliert, »keine Naturereignisse, sondern Fol-

---

15. H.-M. Barth, a.a.O. (Anm. 4), S. 57f. Vgl. *D.L. Eck*, Interreligiöser Dialog
– was ist damit gemeint? Ein Überblick über die verschiedenen Formen
des interreligiösen Dialogs, US 43, 1988, S. 189-200.

gen von Entscheidungsakten«[16]. Welchen Differenzen aus welchen Gründen kirchentrennende Bedeutung zugeschrieben wird, läßt sich weder durch eine beschreibende Aufzählung gemeinsamer Überzeugungen noch durch eine entsprechende Auflistung verbleibender Lehrunterschiede beantworten. Es läßt sich nur erklären, wenn man die normativen Entscheidungen kennt und theologisch analysiert, die von Kirchen bzw. von ihren Leitungen und Repräsentanten im Laufe der Geschichte getroffen worden sind. Weil Kirchentrennungen auf kirchlichen Entscheidungen beruhen, »genügt der theologische Rekurs auf Übereinstimmungen allein nicht, sondern es bedarf einer neuen kirchlichen Entscheidung, um sie zu überwinden. In solchen Fragen ist deshalb nicht allein die Theologie, sondern vor allem die Kirchenleitung gefordert.«[17]

Zwischen interreligiösem und christlich-ökumenischem Dialog ist theologisch deutlich zu unterscheiden, wie weiter unten ausgeführt werden soll. Schon religionssoziologisch besteht zwischen beiden Dialogen ein gravierender Unterschied allein deshalb, weil die nichtchristlichen Religionen nicht wie Kirchen organisiert sind und sich daher die Frage, wer beim institutionellen Dialog der Religionen mit wem mit welcher Autorität konferiert, erheblich schwieriger zu beantworten ist als im Fall bilateraler oder multilateraler ökumenischer Lehrgespräche. Der Vergleich mit der ökumenischen Bewegung soll aber deutlich machen, wo auf jeden Fall die Grenzen einer Theologie der Religionen liegen. Ihre Aufgaben sind theoretischer bzw. hermeneutischer Natur. Sie sollte sich daher nicht für religionspolitische Zwecke, z.B. für Ideen einer universalen Einheitsreligion oder im Dienste eines Weltparlaments der Religionen instrumentalisieren lassen.[18]

16. *I. U. Dalferth*, Auf dem Weg der Ökumene. Die Gemeinschaft evangelischer und anglikanischer Kirchen nach der *Meißener Erklärung*, Leipzig 2002, S. 269.
17. Ebd.
18. Vgl. auch die Kritik bei H.-M. Barth, a.a.O. (Anm. 4), S. 45.

5. Allgemeine und spezielle Offenbarung

Die klassische evangelische Dogmatik versuchte die Differenz-erfahrungen des christlichen Glaubens, die er in der Begegnung mit anderen macht, mit Hilfe der Unterscheidung zwischen allgemeiner und besonderer Offenbarung zu bearbeiten. Die allgemeine Offenbarung (revelatio generalis) führt zwar zur Erkenntnis, daß Gott ist, jedoch nicht zur Erkenntnis der Gnade. Diese wird allein durch die besondere Offenbarung Gottes in Jesus Christus (revelatio specialis) und durch den allein den Sünder rechtfertigenden Glauben vermittelt.

Mit guten Gründen wird diese herkömmliche Unterscheidung in der neueren evangelischen Theologie kritisiert. Paul Tillich hat argumentiert, daß jede Offenbarung, die diesen Namen theologisch verdient, auch eine soteriologische Qualität habe.[19] Wer immer eine Offenbarung empfangen habe, habe damit auch Erlösungskräfte empfangen. Offenbarungsgeschichte und Erlösungsgeschichte, so Tillich, »sind die gleiche Geschichte«[20]. An die Stelle der traditionellen Unterscheidung von allgemeiner und spezieller Offenbarung tritt bei Tillich diejenige zwischen aktueller und letztgültiger Offenbarung, welche das theologische Kriterium zur Beurteilung echter oder behaupteter Offenbarungsereignisse ist. Tillichs Offenbarungsverständnis ist also dem inklusivistischen Modell einer Theologie der Religionen zuzuordnen.

In jüngster Zeit argumentiert auch Hans-Martin Barth, die »Zusammenfassung aller dem christlichen Glauben gegenüberstehenden besonderen religiösen Überzeugungen im Sinne eines gemeinsamen Allgemeinen gegenüber einem Besonderen« mache »keinen Sinn«[21]; und zwar schon allein deshalb, weil alle Offenbarungen von ihren Anhängern als besondere gewertet werden. So gesehen, »würden viele besondere Offenbarungen einander gegenüberstehen«[22]. Außerdem ließe sich weder religionswissenschaftlich noch theologisch befriedigend beantworten, worin das angeb-

---

19. Vgl. *P. Tillich*, Systematische Theologie, Bd. I, Stuttgart ⁵1977, S. 174.
20. A.a.O. (Anm. 19), S. 172.
21. H.-M. Barth, a.a.O. (Anm. 4), S. 143.
22. Ebd.

lich Gemeinsame der allgemeinen Offenbarung liege. Das Allgemeine, auf das sich auch der christliche Glaube beziehe, sei »im
Anthropologischen zu suchen, nicht in irgendwelchen »Offen-
barungs-Inhalten«, d.h. in der »Fähigkeit des Menschen, über das
Vorfindliche hinaus zu denken, zu fragen, zu wünschen, somit zu
transzendieren und zu projizieren«[23].

Die dogmatische Unterscheidung zwischen allgemeiner und
spezieller Offenbarung wurde in der Aufklärungszeit zur Differenz
zwischen natürlicher und positiver Religion transformiert. Friedrich Schleiermacher unterzieht das Aufklärungskonstrukt einer
natürlichen Religion der radikalen Kritik und verteidigt die Legitimität und die Pluralität positiver, d.h. historisch konkreter Religionen. Zugleich aber kämpft er gegenüber der theologischen Or-
thodoxie für das Recht auf religiöse Individualität.[24] Schon bei
Schleiermacher ist das Allgemeine im Anthropologischen zu suchen, nämlich in der menschlichen Fähigkeit zur Religion bzw. im
Gefühl schlechthinniger Abhängigkeit[25], das freilich immer nur in
der Vielfalt konkreter, geschichtlicher Religionen vorkommt.
Schleiermachers Konzeption nötigt also dazu, zwischen historisch
gewachsener Religion und Religiosität als menschlichem Grund-
vermögen zu unterscheiden.

Die entscheidende theologische Frage lautet aber, ob es um eine Apologie der Religion oder des Glaubens an Gott geht, m.a.W.
ob die Unvermeidbarkeit von Religion – wenn schon nicht für das
Individuum, so zumindest für die menschliche Gemeinschaft –
oder die Unabweisbarkeit Gottes behauptet werden soll. Und weiter gefragt: Soll aus der vermeintlichen Unvermeidbarkeit von Religion die Unvermeidbarkeit des menschlichen Gottesbezuges,
oder soll aus der vom christlichen Glauben behaupteten Unvermeidbarkeit Gottes – jedenfalls für gebildete Menschen – die Unvermeidbarkeit von Religion behauptet werden? Ingolf U. Dalferth

---

23. A.a.O. (Anm. 4), S. 144.
24. Siehe *F. Schleiermacher*, Über die Religion. Reden an die Gebildeten un-
    ter ihren Verächtern (1799), hg. v. G. Meckenstock, Berlin/New York
    1999.
25. *F. Schleiermacher*, Der christliche Glaube (²1830), hg. v. M. Redeker, Ber-
    lin 1960, Bd. I, § 4 (S. 23ff).

ist zuzustimmen, daß weder das eine noch das andere zutrifft.[26] Davon abgesehen darf die vom Glauben behauptete Unvermeidbarkeit Gottes nicht mit der Unvermeidbarkeit der Frage nach Gott verwechselt werden. Insofern bleibt nun aber der Offenbarungsbegriff theologisch unvermeidlich und kann nicht durch den Religionsbegriff ersetzt werden.

Sofern der Offenbarungsbegriff nicht religionswissenschaftlich-deskriptiv, sondern theologisch-normativ gebraucht wird, kann er m.E. nur vom Phänomen des der christlichen Theologie zu Grunde liegenden Erfahrung christlichen Glaubens aus entwickelt werden. Offenbarung als Ergriffensein vom Vonwoher menschlicher Existenz und Durchsichtigwerden menschlicher Existenz wird konkret als Zum-Glauben-Kommen erfahren. Der Glaube ist aber kein unmittelbares, sondern ein auf doppelte Weise vermitteltes Gottesverhältnis. Es ist vermittelt durch Jesus von Nazareth, dessen Heilsbedeutung ihrerseits durch die Botschaft des Glaubens vermittelt wird. Recht verstanden ist das der Botschaft des Glaubens zu Grunde liegende Christusgeschehen die allgemeine oder Ur-Offenbarung, insofern, als die soteriologische Reichweite dieses Geschehens universal ist. Demgegenüber ist jedes Ereignis, das individuell Glauben entstehen läßt, als spezielle Offenbarung zu charakterisieren. Das Verhältnis von allgemeiner, nämlich in Christus sich ereignender, und spezieller Offenbarung aber ist trinitätstheologisch zu bestimmen: Der Vater offenbart sich im Sohn. Die vermittelnden Offenbarungen aber, durch welche Menschen zum Glauben finden, sind ein Wirken des Heiligen Geistes.

Im Neuen Testament findet sich die Überzeugung, daß der Glaube heilsnotwendig ist. Diese Überzeugung findet auch im exklusivistischen Modell einer Theologie der Religionen ihren Ausdruck. Zu Ende gedacht nötigt aber die Überzeugung von der Heilsnotwendigkeit des Glaubens zur Annahme eines Glaubens im theologisch qualifizierten Sinne und damit auch zur Annahme von Offenbarung außerhalb des Christentums. Anhalt findet die-

---

26. Vgl. dazu *I.U. Dalferth*, Notwendig religiös? Von der Vermeidbarkeit der Religion und der Unvermeidbarkeit Gottes, in: *F. Stolz* (Hg.), Homo naturaliter religiosus. Gehört Religion notwendig zum Mensch-Sein? (Studia religiosa Helvetica 3), Bern u.a. 1997, S. 193-218.

ser Gedanke z.B. an der Argumentation des Paulus, der Glaube Abrahams, Gott werde ihm und Sara noch in hohem Alter einen leiblichen Nachkommen schenken, sei nicht nur strukturell, sondern auch seinem Gehalt nach gleichbedeutend mit dem Glauben an die Macht Gottes, Tote aufzuerwecken, welche die Osterbotschaft bezeugt (Römer 4). Weiter gedacht führt die Behauptung der Heilsnotwendigkeit des Glaubens zu einer differenzierten Würdigung außerchristlicher Religionen, wonach diese einerseits wie auch das Christentum selbst an der Zweideutigkeit aller Religion partizipieren, andererseits aber nicht nur religionskritisch als Werkgerechtigkeit des Menschen oder als Versuch des Menschen, sich Gottes zu bemächtigen, beurteilt werden dürfen. Unzureichend ist auch eine Theologie der Religionen, welche auf der Basis der reformatorischen Unterscheidung von Gesetz und Evangelium alle Religion nur der Seite des Gesetzes zuordnen und vom Glauben als Antwort auf das Evangelium abgrenzen will.[27]

Sind vermittelnde Offenbarungen als Wirkungen des Heiligen Geistes zu verstehen, so sind solche und damit auch rechtfertigender Glaube nicht nur innerhalb des christlichen Traditionszusammenhangs, sondern auch außerhalb desselben anzunehmen. Historische Kontinuität mit Jesus von Nazareth ist offenbar keine notwendige Bedingung für vermittelnde Offenbarung. Solche Offenbarung außerhalb des christlichen Traditionszusammenhangs ist aber nicht zwingend durch eine Ableitung aus einem allgemeinen, religionsphilosophischen Offenbarungsbegriff zu begründen, sondern auf Grund des Christusglaubens und der ihm innewohnenden Gewißheit, daß Gottes Liebe allen Menschen gilt, als Möglichkeit zu denken. Wo und wie sich Offenbarungen, in denen sich tatsächlich der Gott vermittelt, der sich in Jesus Christus letztgültig offenbart hat, in anderen Religionen ereignen, läßt sich nicht generell beantworten, weil jede konkrete Behauptung solcher Offenbarung immer eine Glaubensaussage ist.

---

27. So z.B. *W. Trillhaas*, Dogmatik, Berlin/New York [4]1980, S. 225ff.

6. Metakritischer Inklusivismus

Offenbar verhält es sich so, daß der Pluralismus der Religionen, wenn er denn nicht von einem Standpunkt außerhalb der Religionen relativiert, sondern aus der Binnenperspektive einer konkreten Religion durchdacht werden soll, nur in der Form eines metakritischen bzw. eines »aufgeklärten Inklusivismus«[28] zu denken ist. Ein solcher Inklusivismus läßt sich nicht allein schöpfungstheologisch oder anthropologisch begründen, sondern er muß auch christologisch und pneumatologisch, m.a.W. trinitätstheologisch begründet werden. In welcher Weise dies gilt, darüber gehen die theologischen Ansichten freilich auseinander.

Daß das Christentum heute eine Religion unter Religionen ist, muß theologisch als Herausforderung des Geistes Gottes, welcher der Geist Christi ist, an seine Christen begriffen werden. In einer multikulturellen Weltgesellschaft kann das Christentum sein eigenes Selbstverständnis nicht mehr im abstrakten Gegenüber zu den Religionen klären, sondern ist zu dialogischer Rechenschaft über den eigenen Glauben herausgefordert. Systematisch-theologisch läßt sich durchaus fragen, »ob auf dem Wege z.B. über die nichtchristlichen Religionen der dreieine Gott selbst der Christenheit etwas sagen will«[29]. Während aber Hans-Martin Barth das trinitarische Offenbarungsverständnis für ein integratives Modell einer Theologie der Religionen hält, welches Momente außerchristlicher Offenbarungsverständnisse einschließen könne[30], ist m.E. aber auch Luthers Unterscheidung zwischen gepredigtem und verborgenem Gott in eine Theologie der Religionen einzubeziehen.[31]

Außerchristliche Offenbarungen und Offenbarungsverständnisse lassen sich keineswegs in jedem Falle in ein christlich-trinita-

---

28. *J. Werbick*, Der Pluralismus der pluralistischen Religionstheologie. Eine Anfrage, in: R. Schwager (Hg.), a.a.O. (Anm. 7), S. 140-157, hier S. 153ff.

29. H.-M. Barth, a.a.O. (Anm. 4), S. 49. Wie kaum eine Dogmatik zuvor versucht Barths Lehrbuch das spezifische Profil christlichen Glaubens durch die Konfrontation mit den übrigen Weltreligionen herauszuarbeiten.

30. H.-M. Barth, a.a.O. (Anm. 4), S. 153ff.

31. *M. Luther*, De servo arbitrio (1525), WA 18.

risches Konzept von Offenbarung als Geschichte integrieren, sondern können letzteres gerade in Frage stellen. So ist der islamische Monotheismus schließlich u.a. in dezidierter Abgrenzung vom christlich-trinitarischen Monotheismus entstanden, der des Tritheismus, d.h. also des latenten Polytheismus verdächtigt wird. Der islamische Monotheismus ist also mit einer klaren Differenzmarkierung gegenüber dem Christentum verbunden und wird sich dagegen verwahren, in ein trinitarisches Offenbarungskonzept integriert zu werden. Gerade wenn man wie Hans-Martin Barth die traditionelle Unterscheidung zwischen allgemeiner Offenbarung oder Gotteserkenntnis, die zu einem abstrakten Monotheismus vorstoßen kann, und spezieller Offenbarung, die zur Erkenntnis des dreieinigen Gottes führt, in Abrede stellt, läßt sich das trinitarische Denken wohl kaum als »formales Integrationsangebot«[32] interpretieren. Eine solche Fassung des Inklusivismus läuft auf die zweifelhafte Behauptung der christlichen Überlegenheit gegenüber anderen Religionen hinaus, die durch religionsphänomenologische Indizien gestützt werden soll. In diesem Sinne schlägt Barth vor, »die Gegenprobe zu machen« und zu überlegen, »welches nichtchristliche Offenbarungsverständnis etwa von dem trinitarischen Modell prinzipiell ausgeschlossen wird«, während das christliche Denken »– rein phänomenologisch-strukturell betrachtet – ein erstaunlich weites Integrationsmodell« biete.[33]

Ein metakritischer oder aufgeklärter Inklusivismus wird dagegen die Strittigkeit des christlich-trinitarischen Offenbarungsverständnisses stets mitbedenken, die sich nicht nur für eine außerchristliche, sondern gerade auch für eine innerchristliche Perspektive ergibt, und zwar gerade als Folge einer theologischen Kritik am Modell einer exklusivistischen Theologie der Religionen. Im Sinne eines metakritischen Inklusivismus gilt einerseits, daß Gottes Handeln hinter der gesamten Weltgeschichte und somit auch hinter der Religionsgeschichte geglaubt werden darf. Daß aber ein und derselbe Gott hinter den verschiedenen, in den

32. H.-M. Barth, a.a.O. (Anm. 4), S. 155ff.
33. H.-M. Barth, a.a.O. (Anm. 4), S. 156.

unterschiedlichen Religionen erfahrenen Gottheiten oder Offenbarungen des Göttlichen, aus denen einander widersprechende
Geltungsansprüche abgeleitet werden, stehen soll, gehört aus
christlicher Sicht zur Verborgenheit Gottes.[34]

Bezeichnenderweise identifiziert der Paulus der lukanischen
Apostelgeschichte in seiner legendarischen Areopagrede den von
ihm verkündigten Gott nicht mit Zeus, sondern mit jenem unbekannten Gott, dem die Athener vorsorglich einen Altar geweiht
hatten (Apostelgeschichte 17,23). Gemessen an untrinitarischen
Formen des Monotheismus ist der dreieinige Gott des Christentums ein unbekannter Gott. Für die theologische Bearbeitung von
interreligiösen Differenzerfahrungen scheint mir darum Luthers
Unterscheidung von gepredigtem und verborgenem Gott zentral
zu sein. Dabei ist die Unterscheidung zwischen den Begriffen »gepredigter Gott« (Deus praedicatus) und »geoffenbarter Gott«
(Deus revelatus) zu beachten. Wenn hier abermals Luthers Unterscheidung aufgegriffen wird, die schon im dritten Kapitel eine
zentrale Rolle spielte, soll damit also keineswegs behauptet werden, daß sich Gott außerhalb des Christentums nicht offenbart
habe. Aber seine außerchristlichen Offenbarungen sind Christen
als eigene Glaubenserfahrungen nicht zugänglich – oder sie werden zu Anhängern einer anderen Religion.

Das älteste Christentum verkündigt das Evangelium als Botschaft von der Güte Gottes, der alle Menschen, gleich welcher Religion sie ursprünglich angehören, zur Umkehr bringen will (vgl.
Römer 2,4). Nach Darstellung des Lukas führt Paulus die Vielzahl
und Vielfalt der Religionen auf den einen Schöpfergott zurück.
Die Pluralität der Religionen entspricht der schöpfungsmäßigen

---

34. Daher ist es auch notwendig, den Offenbarungsbegriff theologisch differenzierter zu verwenden, als H.-M. Barth es tut. Die bei ihm entstehende
Spannung zwischen der religionsphänomenologischen Rede von Offenbarungen als »Schlüsselerlebnissen« und der theologischen Bestimmung
von Offenbarung als heilvoller »Selbsterschließung des in Schöpfung«
Erlösung und Vollendung sich verwirklichenden dreieinen Gottes,
(a.a.O. [Anm. 4], S. 157) wird nicht aufgelöst. – Zum Begriff der Verborgenheit Gottes vgl. ausführlich *U. Körtner*, Der verborgene Gott. Zur
Gotteslehre, Neukirchen-Vluyn 2000.

Vielfalt der Völker und Kulturen (Apostelgeschichte 17,26). Alle
Menschen sind bestimmt, daß sie Gott suchen sollen, »ob sie ihn
wohl fühlen und finden könnten; und fürwahr, er ist nicht ferne
einem jeden von uns. Denn in ihm leben, weben und sind wir«
(Apostelgeschichte 17,27f). Dann aber argumentiert der luka-
nische Paulus eschatologisch, d.h. vom bevorstehenden Welt-
gericht Gottes her, daß religionsgeschichtlich eine neue Situation
eingetreten sei, in welcher die Menschen zur Umkehr und zum
Glauben an den einzig aus dem Gericht rettenden Christus aufgerufen sind (Apostelgeschichte 17,30f). Die Idee verschiedener
Heilswege, wie sie heute von einer pluralistischen Theologie der
Religionen vertreten wird, liegt der Apostelgeschichte also fern.
Der neutestamentliche Ruf zur Entscheidung relativiert alle bisherige religiöse Erfahrung. Dogmatisch gesprochen stehen alle Religionen – einschließlich des heutigen Christentums! – unter escha-
tologischem Vorbehalt.

Aus der Sicht des Glaubens ist es Christus selbst, welcher die
Christen in die Begegnung mit den anderen Religionen führt. Das
religionsgeschichtliche Resultat der vom Geist Gottes welt-
geschichtlich bewirkten Begegnung der Religionen aber muß der
Glaube Gott selbst überlassen. Das Andere der nichtchristlichen
Religionen wird in solcher Begegnung jeweils konkret auf neue
und vielschichtige Weise erfahren. Darüber ist nicht generell vorweg zu entscheiden, so gewiß Dialog und Begegnung immer nur
konkret sein können und sich auf das konkrete Gegenüber als das
konkret Andere einlassen müssen. Angesichts der Ambivalenz aller Religion, von welcher auch das Christentum nicht ausgenommen ist, mag der Glaubende andere Formen von Religion bald als
Reflex der Offenbarung des Gottes Israels und Vaters Jesu Christi
in anderen geschichtlichen Gestalten, bald als eine diesem Gott
widersprechende Gestalt von Religion erfahren. Wir mögen in
fremden Glaubensweisen Spuren des von uns verehrten Gottes
und darin eine Bestätigung unserer eigenen Glaubensgewißheit
finden. Sie können uns aber auch bisweilen als dämonische Ver-
zerrung unseres Gottes vorkommen. Fremde Gottheiten mögen
uns als authentische Interpretationen echter Offenbarung erscheinen oder auch nur als Produkt menschlicher Sehnsucht nach sol-

chem Offenbarwerden des Göttlichen, als Ausdruck der Suche
nach Gott.

Auch die Wirkung des Christuszeugnisses, welches den Christen aufgetragen ist, läßt sich nicht vorherberechnen. Es kann auf Menschen treffen, die auf der Suche nach Gott sind und im christlichen Glauben die Erfüllung ihrer Suche finden. Es kann freilich auch dazu führen, daß es die Angehörigen einer anderen Religion dazu bringt, bewußter und intensiver als zuvor in ihrer bisherigen Religion zu leben. Gleiches mag dem Christen widerfahren, der sich auf die Begegnung mit Menschen einläßt, die einer anderen Religion angehören. Er mag auch an seinem bisherigen Glauben irre werden. Es kann aber auch geschehen, daß ein Christ in fremden Glaubensweisen die Gegenwart jener heilvollen Macht glaubt wiedererkennen zu dürfen, welche für ihn selbst in Christus und seinem Evangelium wirksam ist. Und so mag es ihm widerfahren, daß ihm im Anderen, dem er Christus nahebringen will, eben dieser selbst entgegentritt, so daß er in der Begegnung mit dem Anderen und dessen fremder Religiosität von Christus selbst neu beschenkt wird.

7. Ökumene der Religionen?

Der Begriff der Ökumene sollte freilich auf die christlichen Konfessionen begrenzt bleiben. Wenn heute gelegentlich von kleiner und großer Ökumene gesprochen und mit letzterer eine vermeintliche Ökumene der Religionen bezeichnet wird, verliert der Begriff der Ökumene sein theologisches Profil. Wer eine Ökumene der Religionen behauptet, unterschätzt die z.T. erheblichen Gegensätze zwischen den Religionen. Selbst dort, wo man Gemeinsamkeiten entdeckt, z.B. im Schöpfungsglauben oder auch zwischen reformatorischer Rechtfertigungslehre und japanischem Amida-Buddhismus, sind bei näherem Hinsehen die Differenzen meist größer als die Gemeinsamkeiten. Die Kammer für Theologie der Evangelischen Kirche in Deutschland hält die Idee einer Ökumene der Religionen auch in praktischer Hinsicht für einen Irrweg. Ihre Stellungnahme »Christlicher Glaube und nichtchristliche Religionen« gibt zu bedenken, daß auch die Übereinstimmungen und die Gemeinsamkeiten in ihrem jeweiligen religiösen Zusammenhang gewürdigt werden müssen und keinesfalls eine hinreichende Basis für die Teilnahme von Christen an der religiösen Praxis einer anderen Religion, z.B. an Opferriten, Ahnenkulten oder sonstigen Ritualen, bieten.[35]

M.E. zu Recht empfiehlt die Evangelische Kirche in Deutschland auch in der Frage des interreligiösen Gebetes, z.B. mit Muslimen, äußerste Zurückhaltung. In der Handreichung »Zusammenleben mit Muslimen in Deutschland« heißt es dazu: »Die Unterschiede im Gebetsverständnis, die mit dem unterschiedlichen Gottes- und Menschenbild begründet sind, können nicht übergangen, sondern müssen respektiert werden. Weil diese Unterschiede nicht verwischt werden dürfen, haben wir uns zu bescheiden und die Grenzen zu akzeptieren, die es uns verwehren, uns im gemeinsamen Gebet mit Muslimen vor Gott zu vereinen. Doch können wir im Sinne menschlicher Verbundenheit in einer multireligiösen Situation mit innerer Anteilnahme gleichsam nebeneinander beten.«[36]

Mag ein Christ um seines Glaubens willen mit der Gegenwart des biblisch bezeugten Gottes auch in anderen Religionen rechnen, so ist doch die Konfrontation mit ihm fremden Glaubensweisen nicht als göttlicher Aufruf zur Relativierung der eigenen Glaubensbindung zu verstehen, sondern als Ansporn, sich des eigenen Glaubens zu vergewissern und diesen umso bewußter zu leben.

Die Verborgenheit Gottes angesichts der religionsgeschichtlichen Fülle von divergierenden Offenbarungszeugnissen und Gottesvorstellungen läßt sich nicht theoretisch-abstrakt aufheben durch eine generalisierende Philosophie oder Theologie der Religionen. Sie wird vielmehr als Anfechtung der eigenen Glaubens-

35. Christlicher Glaube und nichtchristliche Religionen. Theologische Leitlinien. Ein Beitrag der Kammer für Theologie der Evangelischen Kirche in Deutschland (EKD Texte 77), Hannover 2003, S. 19.
36. Zusammenleben mit Muslimen in Deutschland. Gestaltung der christlichen Begegnung mit Muslimen. Eine Handreichung des Rates der EKD, Gütersloh 2000, S. 44.

gewißheit, d.h. als notwendiges Moment des christlichen Glaubens erfahren. Der angefochtene Glaube ist aber von der Zuversicht getragen, daß Gottes universaler Heilswille, wie er für die Christen in Jesus von Nazareth offenbar geworden ist, sich letztlich nicht widersprechen kann und durch Gottes Verborgenheit in der widersprüchlichen Vielfalt der Religionen nicht dementiert werden kann.

VIII. Religion und Gewalt

1. Das Ende der interreligiösen Gemütlichkeit

Die Terroranschläge auf das World Trade Center in New York und auf das Pentagon in Washington am 11. September 2001 haben der Weltöffentlichkeit eine globale Gefahr vor Augen geführt: den religiös motivierten Terrorismus.[1] Spätestens seit den Bombenattentaten vom 11. März 2004 in Madrid und der Ermordung des niederländischen Regisseurs Theo van Gogh ist uns bewußt, daß religiöser Fanatismus auch für Europa eine ernsthafte Bedrohung darstellt.

Die vieldiskutierte Wiederkehr der Religion zeigt hier ein ganz anderes Gesicht: Nicht dasjenige einer individualistischen Sinnsuche und eines postsäkularen Synkretismus, der sich letztlich den Marktgesetzen westlich-kapitalistischer Gesellschaften anpaßt, sondern dasjenige eines gewaltbereiten Protestes gegen westliche Gesellschaftsformen und ihre Kultur. Nicht minder beunruhigend und scharf zu verurteilen sind Anschläge auf Moscheen oder islamische Schulen, die sich z.B. in den Niederlanden nach der Ermordung van Goghs ereignet haben.

Seither wird in Europa neu über den Sinn und die Grenzen von Toleranz und über Defizite der bisherigen Integrationspolitik diskutiert, über »Parallelgesellschaften« und »Leitkulturen«. Der Ratsvorsitzende der Evangelischen Kirche, Bischof Wolfgang Huber, hat wiederholt erklärt, daß die Zeit der »interreligiösen Schummelei« unwiderruflich an ihr Ende gekommen sei.[2] Er hat freilich auch klargestellt, daß ein durch Toleranz geprägter Dialog der Religionen damit keineswegs am Ende ist, sondern jetzt erst richtig beginnen kann und muß.

---

1. Überarbeitete Fassung meines gleichnamigen Beitrags, der erschienen ist in: *A.Th. Khoury/E. Grundmann/H.-P. Müller* (Hg.), Krieg und Gewalt in den Weltreligionen. Fakten und Hintergründe, Freiburg/Basel/Wien 2003, S. 99- 124.138-140.
2. *W. Huber*, Toleranz. Umstritten und aktuell, in: Zeitschrift für Evangelische Ethik 48, 2004, S. 162-165.

Es wäre daher verkehrt, sich in einen Kampf der (Sub)kulturen oder gar einen Krieg der Religionen hineinziehen zu lassen. Plakative Thesen wie diejenigen des amerikanischen Politikwissenschaftlers Samuel P. Huntington vom »Clash of civilizations«[3] gehen nicht nur an den komplexen politischen Realitäten vorbei, sondern verraten auch wenig Kenntnisse über die Weltreligionen in Geschichte und Gegenwart.

Nichts wäre falscher und politisch verhängnisvoller, als islamistischen Terror pauschal dem Islam anzulasten und möglicherweise zum Gegenangriff eines »wehrhaften Christentums« aufzurufen, von dem manche schwadronieren. Und über der Auseinandersetzung mit dem Islamismus soll auch nicht vergessen werden, daß es nicht nur in der heutigen arabischen Welt, sondern auch in Europa eine lange Tradition des z.T. gewaltbereiten Antisemitismus gibt, in dem Elemente eines christlich motivierten Antijudaimus nachwirken.

Eine wohlmeinende Apologie des »wahren Islam« reicht freilich auch nicht zur Erklärung. Die Realität eines militanten Islam läßt sich einfach nicht bestreiten. Gezielte Versuche, den Islam als »Praxis des Friedens« zu propagieren, werden durch eine fundamentalistische Auffassung vom »gihad« und die Revitalisierung vormoderner islamischer Wertvorstellungen kontrastiert.

Grausam, aber wahr: auch das ist Religion – genauso wie die Kreuzzüge des Mittelalters oder die Inquisition, die Judenverfolgungen und die Religionskriege der Reformationszeit. Daß auch die Geschichte des Christentums über weite Strecken ein »Mischmasch aus Irrtum und Gewalt« (Goethe) war, sollte gerade jetzt nicht in Vergessenheit geraten. Auch das »wahre Christentum« ist nicht immer mit seinen empirischen Erscheinungsweisen identisch. Und auch hier gibt es militanten Fundamentalismus. Wer den islamischen Fundamentalismus kritisiert, sollte sich auch mit dem Einfluß christlich-fundamentalistischer Kreise auf die amerikanische Politik auseinandersetzen.

---

3. *S.P. Huntington*, Kampf der Kulturen. Die Neugestaltung der Weltpolitik im 21. Jahrhundert, München 2002.

Überhaupt ist es problematisch, wenn Außenstehende bestimmen wollen, was zum wahren Wesen einer bestimmten Religion gehört und was nicht. Wenn Vertreter der christlichen Kirchen nach dem 11. September 2001 sich beeilten zu erklären, diese Anschläge verrieten nach ihrer Überzeugung keinesfalls den wahren Islam, lag ihren auf Deeskalation bedachten Aussagen offenbar eine Vorstellung von dem zugrunde, was denn der wahre Islam sei. Doch genau so wenig, wie sich christliche Kirchenleitungen von Muslimen vorschreiben lassen möchten, was man sich unter dem wahren Christentum vorzustellen hat, geht es an, daß Christen Muslimen erklären wollen, was der wahre Islam ist. Derartige Versuche sind zweifellos gut gemeint, weil sie Feindbilder abbauen und zur Entschärfung von Konflikten beitragen möchten. Doch bergen gerade solche wohlmeinenden Versuche in sich neues Konfliktpotential, weil sie nicht gegen die Überheblichkeit gefeit sind, eine fremde Religion besser verstehen zu wollen als diese sich selbst versteht.

Pauschale Diffamierungen von Religion sind ebenso problematisch wie das einseitig positive Konstrukt »der Religion«, in deren Namen nun die Repräsentanten der verschiedenen Religionsgemeinschaften sich von religiös motivierter Gewalt distanzieren möchten. Alle Menschen, gleich welcher Religion sie angehören, tun gut daran, sich mit der Zweideutigkeit aller Religion selbstkritisch auseinanderzusetzen. Religion kann segensreich wirken, aber auch zur Quelle von Fanatismus und Verderben werden.

Theologisch gesprochen steht jede Religion in der Gefahr, Gott oder das Heilige dämonisch zu verzerren. Religiös motivierte Terrorakte zeigen einmal mehr, wie vermessen, ja verbrecherisch es sein kann, wenn Menschen sich anmaßen, im Namen Gottes zu sprechen oder zu handeln. Groß ist auch die Versuchung für eine Religionsgemeinschaft, die übrigen Religionen zu dämonisieren und sie zu bekämpfen, statt den Dialog zu suchen oder eine tolerante Haltung gegenüber Andersgläubigen einzunehmen.

Nicht nur die Religionswissenschaft, sondern auch die Theologie ist gefordert, ihren Beitrag zur Deeskalation politischer Konflikte und zur Überwindung von Vorurteilen zu leisten, durch welche das friedliche Zusammenleben in der multikulturellen und multireligösen globalisierten Welt von heute gefährdet ist. Neben soliden Informationen über die verschiedenen Religionen ist aber auch der kritische Umgang mit dem Phänomen der Religion und ihren Ambivalenzen vonnöten. Dies verlangt nicht nur nach religionswissenschaftlicher und kulturwissenschaftlicher, sondern auch nach theologischer Kompetenz. Die theologische Auseinandersetzung mit den Zweideutigkeiten der Religion setzt freilich ihrerseits solide religionswissenschaftliche und kulturwissenschaftliche Kenntnisse voraus. Daher sind vermehrte interdisziplinäre Anstrengungen vonnöten.

Zu Recht warnt beispielsweise der katholische Theologe Hans Küng vor einer Dämonisierung des Islam. Allerdings steht nun sein eigenes Projekt Weltethos angesichts eines religiös motivierten Terrorismus auf dem Prüfstand. Religionen liefern eben keineswegs die unzweideutige Basis für den Weltfrieden oder für ein Weltethos. Auch das gehört zu den traurigen Lehren der jüngsten Zeit.

Küng vertritt die Ansicht, daß ein Ethos für die Gesamtmenschheit ohne religiöse Fundierung nicht möglich sei. Seine grundlegende These lautet: »Kein Überleben ohne Weltethos. Kein Weltfriede ohne Religionsfriede. Kein Religionsfriede ohne Religionsdialog.«[4] So ernsthaft die Bemühungen der Religionen heute auch sein mögen, ihren Beitrag zur Förderung des Friedens zu leisten, so wenig darf doch übersehen werden, daß die Religionen in Geschichte und Gegenwart keineswegs nur die Initiatoren, sondern immer auch der Anlaß für Befriedungsprozesse gewesen sind.

Zweifellos können die Religionsgemeinschaften etwas zur Versöhnung der Völker beitragen. Andererseits aber ist der Friede zwischen den konkurrierenden Religionen immer auch ein wichtiges Ziel politischer Bemühungen und rechtsstaatlicher Gesetzgebung, so daß sich die These Küngs auch umkehren läßt: »Kein Religionsfriede ohne politischen Frieden!« Hieraus ist nicht die Nutzlosigkeit transkultureller und interreligiöser Verständigungsbemühungen abzuleiten. Aber die Rolle der Ethik ebenso wie diejenige der Religionen im Bereich von Politik und Ökonomie, auch

4. *H. Küng*, Projekt Weltethos, München 1990, S. 13.

auf dem Gebiet der Friedenssicherung, muß realistischer bewertet werden, als es in der Diskussion um Konzepte eines Weltethos zumeist geschieht.

Interreligiöse Dialogbemühungen dürfen sich nicht auf echte oder vermeintliche Konvergenzen der Religionen beschränken. Sie müssen sich produktiv mit der konfliktträchtigen Konkurrenz religiöser Geltungsansprüche, aber auch mit dem »Abschied vom Prinzipiellen« (Odo Marquard)[5] auseinandersetzen, den die modernen pluralistischen Gesellschaften vollziehen. Sollen religiöse Geltungsansprüche nicht in Unterdrückung und Gewalt umschlagen, stellt sich die Frage, wie pluralismusfähig insbesondere die monotheistischen Religionen sind. Hierzu gehört die Anerkennung der Religionsfreiheit durch die Religionen selbst sowie des weltanschaulich neutralen Rechtsstaats, der freilich – wie der Verfassungsrechtler Ernst-Wolfgang Böckenförde feststellt – seinerseits von Voraussetzungen lebt, die er selbst nicht schaffen und garantieren kann. Steht im Hintergrund der Überlegungen Böckenfördes die Frage, wieviel Religion der säkulare Staat braucht bzw. die von Robert Leicht diskutierte These, daß ohne Gott kein Staat zu machen ist[6], so stellt sich heute mit gleichem Recht die umgekehrte Frage, wieviel Religion der moderne demokratische und weltanschaulich plurale Rechtsstaat verträgt.[7]

Das ambivalente Verhältnis von Religion und Gewalt, welches in der angedeuteten Zweideutigkeit des Religiösen selbst ihren Grund hat, manifestiert sich im religiösen Fanatismus virulent, mit dem sich der folgende Abschnitt befaßt (VIII.2). Im Zusammenhang unseres Themas verdient aber auch das verbreitete Phänomen der Apokalyptik besondere Aufmerksamkeit (VIII.3). Eine theologische Sichtweise des zweideutigen Verhältnisses von Reli-

5. *O. Marquard*, Abschied vom Prinzipiellen. Philosophische Studien, Stuttgart 1981.

6. Vgl. *R. Leicht*, Ohne Gott ist kein Staat zu machen. Von der öffentlichen Relevanz der Religion im säkularen Zeitalter, in: *H.-R. Reuter u.a.* (Hg.), Freiheit verantworten (FS W. Huber), Gütersloh 2002, S. 243-254. Siehe auch *W. Thierse* (Hg.), Religion ist keine Privatsache, Düsseldorf 2000.

7. Vgl. *R. Schieder*, Wieviel Religion verträgt Deutschland?, Frankfurt a.M. 2002.

gion und Gewalt soll im Anschluß an das Religionsverständnis
Paul Tillichs entwickelt werden (VIII.4) Den Abschluß bilden
Überlegungen zum christlichen Liebesbegriff und seinen ethischen
Konsequenzen (VIII.5).

2. Das Heilige und die Gewalt

Die gewalttätige Seite von Religion manifestiert sich im Fanatismus. Er entlädt sich keineswegs nur in der physischen Gewaltanwendung und in Gewaltexzessen wie z.B. in Religionskriegen,
der Ketzerverfolgung oder der christlichen bzw. katholischen Inquisition, gibt es doch auch den Typus des äußerlich unauffälligen
stillen Fanatikers, »der also zwar nicht im üblichen Sinn gewalttätig ist, aber doch gewaltsam denkt, formuliert und handelt, z.B.
mittels eines für die Umwelt völlig zerstörerischen Psychoter-
rors.«[8]

Daß Fanatismus und Religion aufs engste zusammengehören,
zeigt schon die Geschichte des Begriffs des Fanatischen.[9] Das lateinische »fanum« bedeutet »Heiligtum, Tempel, geweihter Ort«.
Der »fanaticus« ist der von der Gottheit leidenschaftlich Ergriffe-
ne. »Fanari« heißt soviel wie »rasen«. Im Englischen wurde, worauf Peter Seidmann hinweist, »fanatisch« noch bis ins 17. Jahrhundert mit ph geschrieben, als sei das Wort griechischen
Ursprungs. Tatsächliche waren die »phanai« die bei Fackelschein
gefeierten dionysischen Orgien. »Phanos« heißt im Griechischen
»Fackel« und gehört zum Wortfeld »phaos, phos« = »Licht, Le-
benslicht, Glück, Rettung, Heil«. Von daher leitet sich das Wort
»Fanal« ab, das ursprünglich das Feuer- oder Flammenzeichen
meint. In diese Wortgruppe gehören ferner die Vokabeln »phanta-
sia«, »Vorstellungskraft« und »phantasma«, d.h. »Bild, leere Ein-
bildung«, sowie schließlich die auch im Neuen Testament begeg-

---

8. *P. Seidmann*, Von inneren Menschen: Konflikt und Versöhnung – zum
   Problem des Fanatismus, in: *F. Stolz* (Hg.), Religion zu Krieg und Frieden, Zürich 1986, S. 165-190, hier S. 173.
9. Vgl dazu P. Seidmann, a.a.O. (Anm. 8), S. 171.

nenden Wörter »phaneros«, »offenbar« und »phanerosis«, »Offenbarung«.

Fanatismus auch in seinen säkularen Gestalten weist einerseits Züge des Unbedingten auf, wie sie für alle Religionen kennzeichnend sind, und wird andererseits zu den Erscheinungsformen der Psychopathie gerechnet. Der Psychotherapeut Josef Rudin deutet Fanatismus als Form von Hysterie oder Schizoidie, von paranoider Wahnbildung und schließlich als Phänomen der Zwangsneurose.[10] Mit Rudin teilt der Psychologe Peter Seidmann die Vermutung, »daß für allen Fanatismus die Besessenheit durch die Idee oder Glaubensvision einer absolut lichtvollen, total gereinigten Welt oder Zeit wesentlich sein könnte«[11]. Solch ein Heils-, Säuberungs- und Erlösungswahn kennzeichnet insbesondere alle Spielarten von Apokalyptik, worauf wir im nachfolgenden Abschnitt eingehen werden. Das utopisch-visionäre »Bild der von aller Finsternis und Widerständigkeit zu erlösenden und erlösten Welt, die als eine reinere, gesäuberte Stätte die bisherige unerlöste finstere Gegenwelt ablösen soll« nährt ein messianisches Sendungsbewußtsein. Die Allmacht und Heiligkeit Gottes werden in Bildern der Gewalt, des heiligen Krieges oder des Endgerichts symbolisiert, wobei die Gewaltsamkeit der Sprache und der religiösen Vorstellungswelt jederzeit in reale Gewaltanwendung umschlagen kann.

Dazu gehört auch, wie Seidmann zeigt, die Enthumanisierung Andersgläubiger oder vermeintlicher Feinde und Widersacher. Religiöser Fanatismus spaltet das Böse, das immer auch in der eigenen Person zu finden ist, von sich selbst ab und projiziert es einseitig auf andere. Häretiker, Angehörige anderer Religionen, Rassen und Klassen werden zu Nichtmenschen degradiert, die es zu isolieren, auszustoßen oder physisch auszumerzen gilt. So funktioniert der Sündenbockmechanismus, dem der Literatur- und Kulturwissenschaftler René Girard mehrere Untersuchungen gewidmet hat.[12]

Auch die Geschichte des Christentums ist reich an erschrecken-

10. *J. Rudin*, S.J., Fanatismus, Olten 1965.
11. P. Seidmann, a.a.O. (Anm. 8), S. 173.
12. Vgl. *R. Girard*, Das Ende der Gewalt. Analyse des Menschheitsverhäng-

den Beispielen für derartigen Fanatismus. Neben der Inquisition und den Kreuzzügen stehen Luthers religiös motivierte Aufforderung zur blutigen Niederschlagung der Bauernaufstände 1525 und seine Schrift »von den Juden und ihren Lügen« (1543), neben der Verfolgung sogenannter Hexen der von Calvin angestrengte Prozeß gegen Servet. Calvins Nachfolger Theodor Beza dämonisierte Sebastian Castellio, den Verteidiger Servets gegen Calvin und Vorkämpfer der Toleranz[13], als Monstrum und Satan und verurteilte die Gewissensfreiheit als ein teuflisches Dogma. Vergleichbare Aussagen finden sich bei katholischen Päpsten bis ins 19. Jahrhundert. Auch wenn sich Luther auf sein Gewissen berief und erklärte, für die Wahrheit des Evangeliums solle allein mit dem Wort, nicht mit dem Schwert gekämpft werden, haben sich doch die verschiedenen Richtungen der Reformation untereinander z.T. ähnlich fanatisch bekämpft wie Katholiken und Protestanten. Die Freiheit eines Christenmenschen, für welche Luther stritt, führt keineswegs auf direktem Wege zum modernen Toleranzgedanken, sondern konnte sich erst nach der Erfahrung konfessioneller Bürgerkriege durchsetzen, welche die Einsicht unabweisbar machten, daß einander ausschließende religiöse Geltungsansprüche politisch begrenzt und diszipliniert werden müssen.

Auf den konfessionellen Bürgerkrieg im christlichen Abendland antwortet nicht nur die moderne Toleranzidee und eine ihr entsprechende Religionsgesetzgebung, welche neben der positiven auch die negative Religionsfreiheit garantiert, sondern auch die moderne Hermeneutik. Die Pluralisierung bzw. Literalisierung der Hermeneutik, wie sie auch die moderne Bibelwissenschaft praktiziert, vollzog nach Odo Marquard die Abkehr von einer singularisierenden Exegese, welche im biblischen Text stets nur den einen und einzigen Geist zu finden meinte, welcher vom Ungeist der Häresie scharf zu unterscheiden sei.[14]

nisses, Freiburg/Basel/Wien 1983; *ders.*, Das Heilige und die Gewalt, Zürich 1987; *ders.*, Der Sündenbock, Zürich 1988.

13. Vgl. *S. Zweig*, Ein Gewissen gegen die Gewalt. Castellio gegen Calvin (1938), Frankfurt a.M. 1979.
14. Vgl. *O. Marquard*, Frage nach der Frage, auf die die Hermeneutik die Antwort ist, in: ders., a.a.O. (Anm. 5), S. 117-146.

Religiöser Fanatismus konnte und kann sich bis heute in einer entsprechenden Bibelauslegung oder Auslegung der heiligen Schriften anderer Religionen manifestieren. Die Absolutheit Gottes oder der Gottheit wird auf die schriftlichen Offenbarungszeugnisse übertragen. Der Absolutheit Gottes entspricht der absolute Text. Dies scheint der Kern jedes Fundamentalismus zu sein.

Blickt man auf die bisherigen Ausführungen zurück, so könnte der Eindruck entstehen, als sei Religion im Kern und Wesen fanatisch bzw. gewaltträchtig. Auch wenn für eine derartige These starke Indizien aufgeboten werden können, wird ihr doch mit guten religionswissenschaftlichen und theologischen Gründen widersprochen. »Religion und Glauben«, so erklärt etwa Peter Seidmann, »*können* in Fanatismus entgleisen; aber Fanatismus dementiert glaubwürdig humane, verantwortungsbewußte, sich selbst begrenzende Religiosität. Und ebenso *können* Religions- und Glaubenskriege fanatisch entarten, Kriege ganz allgemein. Aber es gibt Gegenbeispiele.«[15]

Vor allem gilt, daß Gewalt und Aggression nicht erst mit der Religion entstehen und auch unabhängig von Religion auftreten. Die Lebensdienlichkeit von Religion besteht gerade darin, die anthropologische Realität von Aggression und Gewalt zu bearbeiten. So sehr im Namen des Heiligen oder des Absoluten menschliches Leben gefährdet oder physisch vernichtet werden kann, so sehr betonen die Religionen die Heiligkeit und Unantastbarkeit des Menschenlebens, seine Würde oder Gottebenbildlichkeit. In allen Religionen findet sich das Tötungsverbot, welches zwischenmenschliche Gewalt ächtet, wenngleich seine konkrete Auslegung und sein Geltungsbereich zugegebenermaßen unterschiedlich gefaßt werden.

Im Verhältnis von Religion und Gewalt spielt sodann die Institution des Opfers eine wesentliche Rolle. Wie Opfer überhaupt dem Leben dienen sollen, so insbesondere Sühnopfer für jene, die nach religiöser Auffassung ihr Leben aufgrund von Schuld ver-

15. P. Seidmann, a.a.O. (Anm. 8), S. 178f. Seidmann erinnert an den berühmten Tagesbefehl von General G.-H. Dufour, dem Oberbefehlshaber der eidgenössischen Armee zu Beginn des Sonderbundkrieges in der Schweiz 1847.

wirkt haben. Die Lebensdienlichkeit der Religion zeigt sich z.B. in der Entwicklungsgeschichte vom Menschenopfer zum substituierenden Tieropfer. Der buchstäbliche Sündenbock, nämlich das für die Sünden der Menschen geopferte Tier, soll doch der Intention nach menschliches Blutvergießen unterbinden.

Religion, so lautet die bekannte These René Girards, will den Zirkel von Gewalt und Gegengewalt, der auf der anthropologischen Möglichkeit mimetischer Verhaltensweisen beruht, durch den Ritus des Opfers unterbrechen. »Das Religiöse ist nichts anderes als diese Anstrengung, den Frieden aufrechtzuerhalten. *Das Sakrale ist die Gewalt*, doch wenn das Religiöse die Gewalt verehrt, dann immer nur deshalb, weil es von ihr annimmt, daß sie den Frieden bringe; das Religiöse ist gänzlich auf den Frieden ausgerichtet, aber die Wege zu diesem Frieden sind nicht von gewaltsamen Opferungen frei.«[16]

So offenbart also gerade das Opfer die Lebensdienlichkeit von Religion in ihrer Ambivalenz. Ihre tiefe Zweideutigkeit im Verhältnis zur Gewalt besteht darin, daß die Logik des Opfers letztlich scheitern muß und daher den Frieden nicht bringen kann, nach welchem die Religion sucht. Nach Auffassung des Christentums gelangt die zum Scheitern verurteilte Logik des Opfers mit dem als Heilsgeschehen gedeuteten Tod Jesu von Nazareth an ihr Ende.[17] Doch gehört es zu den Ambivalenzen des Christentums als Religion unter Religionen, daß in ihm selbst die allen Religionen anhaftenden Zweideutigkeiten, auch im Umgang mit der Gewalt, wiederkehren und nicht ein für alle Mal beseitigt werden.

---

16. R. Girard, Das Ende der Gewalt (s. Anm. 12), S. 43. Zur theologischen Rezeption der Thesen Girards siehe v.a. *R. Schwager*, Brauchen wir einen Sündenbock? Gewalt und Erlösung in den biblischen Schriften, Wien ³1994; *ders.*, Jesus im Heilsdrama. Entwurf einer biblischen Erlösungslehre (IThS 29), Innsbruck 1990.
17. Siehe dazu ausführlich *U. Körtner*, Gott und das Opfer. Evangelische Perspektiven, in: *W. Beinert* (Hg.), Gott – Ratlos vor dem Bösen? (QD 177), Freiburg/Basel/Wien 1999, S. 131-152.

3. Apokalyptik und ihre Zweideutigkeit

Die Zweideutigkeit von Religion und Gewalt im Christentum hängt nicht zuletzt mit dem apokalyptischen Erbe desselben zusammen. Bereits in Verbindung mit dem Begriff des Fanatismus sind wir auf das Phänomen der Apokalyptik gestoßen, das nicht nur zum Erbe des Judentums und des Christentums gehört, sondern auch in anderen religiösen Traditionen zu finden ist. Was das Christentum betrifft, so prägen apokalyptische Vorstellungen keineswegs nur die Eschatologie von Randgruppen und Sekten in Geschichte und Gegenwart. Vielmehr ist nach einem bekannten Diktum des Neutestamentlers Ernst Käsemann die Apokalyptik geradezu als die Mutter aller christlichen Theologie anzusehen.[18] Schon die Predigt Jesu vom Reich Gottes trägt apokalyptische Züge, auch wenn das Denken der zeitgenössischen jüdischen Apokalyptik entscheidend modifiziert wird. Apokalyptische Vorstellungen findet man nicht nur in der Johannesapokalypse, sondern schon bei Paulus und in den synoptischen Evangelien.

Es ist also nicht nur die allgemeine Gefahr des religiösen Fanatismus, welche die Ambivalenz des Verhältnisses von Christentum und Gewalt erklärt, sondern es muß in besonderer Weise auf das apokalyptische Erbe des Christentums und seine Zweideutigkeiten verwiesen werden, deren Auswirkungen bis in die neuzeitliche Geschichtsphilosophie und moderne Formen heilsgeschichtlichen Denkens und des Fortschrittsglaubens reichen. Die Wirkungsgeschichte der jüdisch-christlichen Apokalyptik zeigt sich umgekehrt aber auch in den diversen Konzeptionen einer Verfallsgeschichte, in der abendländischen Geschichte negativer Utopien (Dystopien) bis hin zur Öko-Apokalyptik der modernern Umweltschutzbewegung.[19]

Apokalyptische Wurzeln hat aber auch der moderne Islamismus, worauf z.B. der Religionswissenschaftler David Rice hin-

---

18. *E. Käsemann*, Die Anfänge christlicher Theologie, in: *ders.*, Exegetische Versuche und Besinnungen II, Göttingen ³1970, S. 82-104.
19. Vgl. dazu u.a. die Beiträge in der Zeitschrift »Gegenworte, der Berlin-Brandenburgischen Akademie der Wissenschaften, H.10, 2002.

weist.[20] Der islamische Fundamentalismus, der sich nicht nur gegen »den Westen«, sondern auch gegen arabische und muslimische Eliten wendet, deutet die weltgeschichtliche Lage des Islam im Rahmen einer apokalyptischen Weltsicht. Die Überlegenheit des Westens, insbesondere der USA, gegenüber der islamischen Welt erscheint als Vorspiel der Endzeit, in der es zum großen Endkampf zwischen Gläubigen und Ungläubigen kommt. Zumindest bei ägyptischen und algerischen Fundamentalisten läßt sich der Einfluß apokalyptischer Schriften eindeutig nachweisen. Vieles deutet aber nach den Untersuchungen von Rice darauf hin, daß sich apokalyptische Elemente auch bei den meisten anderen aktiven fundamentalistischen Gruppen im Islam finden lassen. »Die Kenntnis der muslimischen Lehren von der Apokalypse ist die unbedingte Voraussetzung für das Verständnis des modernen Islam. Wer den enormen Einfluß begreifen will, den apokalyptische Gruppen heute auf Entwicklungen in der muslimischen Welt haben, kommt an diesen Schriften nicht vorbei.«[21]

Allerdings bedürfen die Begriffe »Apokalypse« und »Apokalyptik« einer Klärung.[22] Wenn im folgenden einige Grundzüge apokalyptischen Denkens beschrieben werden sollen, haben wir uns zunächst zu vergegenwärtigen, daß das griechische Wort *apokalypsis* nicht etwa mit »Weltende«, sondern mit »Enthüllung« zu übersetzen ist[23]. Es steht am Beginn der neutestamentlichen Johannesoffenbarung (Johannesoffenbarung 1,1) und meint in ih-

20. *D. Rice*, Die Propheten des Weltuntergangs, Die Zeit Nr. 39, 20.11.2001, S. 15.
21. D. Rice, ebd.
22. Zum Folgenden vgl. *U. Körtner*, Weltangst und Weltende. Eine theologische Interpretation der Apokalyptik, Göttingen 1988. Zur Apokalyptik als Gegenwartsphänomen siehe auch *D. Pezzolo-Olgiati* (Hg.), Zukunft unter Zeitdruck. Auf den Spuren der Apokalypse, Zürich 1997; *H. Stamm*, Im Bann der Apokalypse. Endzeitvorstellungen in Kirchen, Sekten und Kulten, Zürich 1998; *W. Fleischmann-Bisten* (Hg.), 2000 nach Christus. Jahrtausendwende und christlicher Glaube (BensH 91), Göttingen 1999.
23. Zum Wortfeld siehe *A. Oepke*, Art. ἀποκαλύπτω, ἀποκάλυψις, ThWNT III, Stuttgart 1938, S. 565-597; *G. Wießner/H.D. Preuß/B. Kern-Ulmer/H. Balz/E. Herms*, Art. Offenbarung I-V, TRE 25, Berlin/New York 1995, S. 109-210.

rem Fall die Enthüllung unmittelbar bevorstehender Ereignisse, die zur endgültigen Errichtung der Herrschaft Gottes über seine Schöpfung führen sollen. Das Weltende ist nicht gleichbedeutend mit der Apokalypse, sondern einer ihrer Gegenstände.

Das von Friedrich Lücke im 19. Jahrhundert geprägte Kunstwort »Apokalyptik« bezeichnet in der Bibelwissenschaft eine literarische Gattung jüdischer Schriften aus dem Zeitalter des Hellenismus, deren Gedankenwelt derjenigen der Johannesapokalypse verwandt ist. Ihnen sind bestimmte Stilelemente gemeinsam wie dasjenige der Pseudonymität, häufig ihre Gestaltung als Visionsbericht, der ausgiebige Gebrauch einer Bildersprache, die – nicht selten durch einen Deuteengel – entschlüsselt werden muß, sowie ein Zug zur Systematisierung des Geschauten durch Ordnungsschemata, insbesondere durch Periodisierungen der Geschichte und durch Zahlenspekulationen.[24] Religionswissenschaftler sprechen von einem »Komplex von Vorstellungen«, die sich auf »die Enthüllung zukünftiger, am Ende einer Weltperiode eintretender Ereignisse« beziehen[25], wobei nicht nur an ein einmaliges Weltende im Rahmen eines teleologischen Geschichtsbildes, sondern auch an periodische Weltuntergänge gedacht werden kann. Dasjenige, was, wie das Wort *apokalypsis* sagt, enthüllt wird, ist also nicht irgendein Beliebiges, sondern das Ende der Welt. Wie es Jacques Ellul treffend formuliert hat: Apokalyptik ist Enthüllung der Wirklichkeit[26], und zwar als einer untergehenden. Apokalyptik, so läßt sich zusammenfassen, ist Enthüllung der Wirklichkeit im Untergang. Die erhoffte Erlösung impliziert die Zerstörung der vorfindlichen Welt, die in eine Sackgasse geraten scheint. Wie sich im apokalyptischen Denken eine sackgassenartig strukturierte Welterfahrung in der Gewißheit einer unausweichlichen Katastro-

---

24. Noch immer grundlegend ist die Beschreibung der Apokalypsegattung von Ph. Vielhauer in NTApo² II, Tübingen ⁴1971, S. 407-427. Siehe ferner *Ph. Vielhauer*, Geschichte der urchristlichen Literatur, Berlin/New York 1975, Nachdr. 1978, S. 485ff.

25. *G. Lanczkowski*, Art. Apokalyptik/Apokalypsen I, TRE 3, Berlin/New York 1978, S. 189-191, hier S. 189f.

26. Vgl. *J. Ellul*, Apkokalypse. Die Offenbarung des Johannes – Enthüllung der Wirklichkeit, Neukirchen-Vluyn 1981.

phe verdichtet, so ist die apokalyptische Hoffnung ihrerseits von der Katastrophalität der Erlösung überzeugt. Der Weg zum Heil führt durch die Katastrophe. Neue Lebensmöglichkeiten liegen nicht innerhalb des gegenwärtigen Geschichtskontinuums, sondern jenseits seines Endes.

Die Wurzeln einer derartigen Sicht der Wirklichkeit sind in gesellschaftlichen oder individuellen Krisenerfahrungen zu suchen. Tatsächlich kann man Apokalyptik als Ausdruck eines Krisenbewußtseins bezeichnen, das auf gesellschaftliche oder politische Umbrüche reagiert. Die jeweilige Gegenwart wird als Krise erlebt, welche mit Hilfe apokalyptischer Denkmuster gedeutet und auf diese Weise bewältigt werden soll. Apokalyptik wäre demnach weniger Zukunftserforschung als vielmehr ein Versuch der Gegenwartsbewältigung.

Diese Gegenwart macht Angst. Neben der Hoffnung auf eine neue Welt bzw. einen neuen Weltzustand läßt die apokalyptische Literatur aller Zeiten ein erhebliches Angstpotential erkennen. Von dieser Angst her, die man als Weltangst charakterisieren kann und welche die Apokalyptik zu bewältigen versucht, können ihre Bildersprache und ihre Deutungsmuster erschlossen werden. [27]

Hilfreich für das Verständnis apokalyptischen Denkens ist ein Blick auf die daseinsanalytische Richtung innerhalb der Tiefenpsychologie und ihre Deutung sogenannter Weltuntergangserlebnisse bei Schizophrenen. Caspar Kulenkampff hat für deren subjektive Weltsicht den Begriff der sackgassenartigen Weltstruktur geprägt und die Vorstellung des Weltuntergangs aus der Erfahrung des Überwältigtwerdens durch eine übermächtige und durch das eigene Handeln nicht mehr beeinflußbare Außenwelt erklärt[28]. Stürzt die Welt auf das ohnmächtige Subjekt ein, so stürzt eben bildlich vorgestellt die Welt an sich ein.

---

27. Zum Begriff der Weltangst vgl. *H. Jonas*, Gnosis und spätantiker Geist I (FRLANT 51), Göttingen ³1964, S. 143; *O. Spengler*, Der Untergang des Abendlandes. Umrisse einer Morphologie der Weltgeschichte, Sonderausgabe München 1981, S. 107ff.

28. Vgl. *C. Kulenkampff*, Zum Problem der abnormen Krise in der Psychiatrie, in: *E. Strauss/J. Zutt* (Hg.), Die Wahnwelten (Endogene Psychosen), Frankfurt a.M. 1963, S. 258-287.

Apokalyptik ist freilich nicht ohne weiteres mit einem psycho-
pathischen Phänomen gleichzusetzen, wenngleich ihre Weltsicht
nicht frei von Zweideutigkeiten ist. Im Unterschied zu psycho-
pathischen Weltuntergangsphantasien antizipiert die Apokalyptik
das Weltende als eine noch bevorstehende Möglichkeit. Unabhängig von seinen konkreten historischen Anlässen vermittelt apokalyptisches Denken grundlegende Einsichten in die Verfassung
menschlicher Existenz. Es deckt unsere Endlichkeit wie auch die
Dimension des Zerstörerischen auf. Dabei geht es nicht etwa nur
um Naturgewalten, deren Bildmaterial in Apokalypsen immer
wieder verwendet wird, sondern um Strukturen des Bösen und eine verselbständigte Macht. Wo die nicht etwa nur naturhafte, sondern schuldhafte Zerstörung der vorfindlichen Wirklichkeit unausweichlich wird, kann man vom Katastrophischen oder der
katastrophischen Dimension der Wirklichkeit sprechen. Und eben
diese erfahrbare Katastrophalität der Wirklichkeit wird durch die
Apokalyptik zur Sprache gebracht. Apokalyptik erzählt davon,
daß nicht nur alles individuelle Leben, sondern auch kollektive,
geschichtliche, gesellschaftliche, staatliche und kulturelle Erschei-
nungen und Konstellationen endlich – zeitlich befristet – sind.

Grundlegend für das apokalyptische Welt- und Geschichtsver-
ständnis ist die Erfahrung menschlicher Ohnmacht und fremder
Übermacht. Apokalyptik stellt daher stets die Machtfrage. Sie ver-
harrt dabei allerdings nicht in einer Stimmung der Weltangst,
sondern versucht sie zu überwinden, indem sie eine Hoffnung
verkündet, welche die Ausweglosigkeit der Endlichkeit und die
Dauerhaftigkeit der Ohnmacht negiert. So wird auch das Weltende als bildhafter Inbegriff von Weltangst zu einem Symbol der
Hoffnung umgedeutet. Ihre Hoffnung ist aber Hoffnung gerade
auf das Ende als Vorbedingung eines Neuen. Die Katastrophalität
der Wirklichkeit wird nicht geleugnet, wandelt sich aber zur Katastrophalität der Erlösung. Der drohende Untergang erscheint nun
als Übergang oder Durchgang, die Katastrophe als Krise, die Neues heraufführen kann. Die apokalyptische Vorstellungswelt führt
uns zu dem Gedanken, daß Zerstörung unter Umständen nicht
nur unvermeidlich, sondern auch heilsam und befreiend sein
kann. Dieser Gedanke impliziert, daß es Verhältnisse und Lebens-

umstände gibt, die nicht mehr verbesserungsfähig sind, sondern der Zerstörung preisgegeben werden müssen, damit Neues entstehen kann und neue Lebensmöglichkeiten gewonnen werden.

Indem die Apokalyptik die drohende Weltkatastrophe zur Krise umdeutet, wandelt sich auch die Katastrophenangst zur Krisenangst.[29] Krisenangst ist Entscheidungs- oder Wandlungsangst, die eigene Handlungsmöglichkeiten nicht ausschließt und sich mit der Gebärangst vergleichen läßt. Man erinnere sich in diesem Zusammenhang daran, daß in der jüdisch-christlichen Apokalyptik öfter von den Geburtswehen gesprochen wird, in denen die Welt oder der Äon in der Endzeit liege.[30] Indem sich die Katastrophe des drohenden Weltendes zur Krise wandelt, wird auch die Weltangst umgestimmt, ohne deshalb verdrängt zu werden.

Im apokalyptischen Denken wird die Vorstellung vom Weltende, die zunächst als Ausdruck gesteigerter Weltangst interpretiert werden kann, zur hermeneutischen Basis einer sekundären Welterklärung. Die Weltsicht der Apokalyptik beruht auf einer Hermeneutik des Endes, welche die Welt in ein phantastisch scharfes Licht taucht. Auf diese Weise werden unheilvolle Strukturen der Wirklichkeit und nicht zuletzt solche der Macht aufgedeckt, die von den Mächtigen kaschiert werden. Apokalyptik ist auf ihre Weise eine Form der Aufklärung. Allerdings werden, um im Bild zu bleiben, Strukturen des Bösen von der Apokalyptik nicht nur ans Licht gebracht, sondern überbelichtet. Dadurch reduziert sich die Komplexität des Lebens auf einen Dualismus von Schwarz und Weiß, Gut und Böse, Licht und Finsternis. Die Vereinfachung im Licht des möglichen Unheils kann ungemein erhellend sein, kann aber auch zum Zerrbild der Wirklichkeit und zur Ideologie verkommen, die sozialpsychologisch betrachtet ebenso wie die Weltuntergangserlebnisse Schizophrener pathologische Züge trägt.[31]

---

29. Zur Unterscheidung von Katastrophen- und Krisenangst siehe O. *Haendler*, Angst und Glaube, Berlin 1952, S. 30ff.
30. Siehe z.B. Mk 13,8.
31. Siehe dazu J. *Gabel*, Ideologie und Schizophrenie. Formen der Entfremdung, dt. Frankfurt a.M. 1967, bes. S. 306ff.

Alle Apokalyptik ist also zutiefst zweideutig. Zweideutig wie ihre Sicht der Wirklichkeit bleibt auch die von ihr verbreitete Hoffnung, steht diese doch in der Gefahr, die Angst vor dem drohenden Weltende in Lust am Untergang umschlagen zu lassen. Hieraus resultiert die Gewaltbereitschaft militanter Endzeitsekten, die sich gegen die Umwelt richten oder auch zum kollektiven Selbstmord führen kann. Beispiele aus jüngster Zeit sind die Tragödien der Davidianer, der Sonnentempler oder auch der Giftgasanschlag der Aum-Sekte auf die Tokioter U-Bahn 1995. Ideologiekritisch ist daher stets zu fragen, welche Welt im Einzelfall eigentlich untergehen soll, und wer den Weltuntergang aus welchen Gründen herbeisehnt[32]. Bei Ernst Bloch war die Sprengung der vorfindlichen Welt ein Moment seiner sozialistischen Utopie, bei Ronald Reagan der apokalyptische Showdown mit Moskau als Zentrum des Bösen das ideologische Versatzstück einer fragwürdigen Großmachtpolitik.

Auch ist nicht zu übersehen, daß gerade die Hoffnung auf die katastrophische Beendigung herrschender Zustände oder der Welt insgesamt eine Form des Eskapismus sein kann, der die vorfindliche Wirklichkeit bei ihrer Katastrophalität und ihren negativen Tendenzen behaftet und gerade so reale Handlungs- und Veränderungsmöglichkeiten übersieht oder Veränderungen sogar verhindert. In diesem Fall wird die bedrohliche Welt gerade nicht überwunden, sondern belassen, wie sie ist, und also fixiert.

Ein apokalyptisches Denken aber, welches das Weltbild der Angst fixiert, durchbricht nicht, sondern verfestigt die Ausweglosigkeit des Daseins in einer bestimmten geschichtlichen Situation. Eine jede Veränderung ausschließende Fixierung der vorfindlichen Welt ist nicht nur in höchstem Maße ideologisch und daher kritikwürdig. Sie läßt auch die Apokalyptik an ihrem eigenen Anspruch scheitern, Angst zu überwinden, indem ihr ideologisches Weltbild statt dessen Angst schürt und neue Ängste gebiert.

---

32. Vgl. dazu die kritische Würdigung apokalyptischen Denkens bei *J. Ebach*, Apokalypse. Zum Ursprung einer Stimmung, in: *F.-W. Marquardt* u.a. (Hg.), Einwürfe 2, München 1985, S. 5-61.

Apokalyptik ist kein bloßes Phänomen der Vergangenheit, sondern hat im Zeichen ökologischer Gefahren und der atomaren Bedrohung zunehmend an Plausibilität gewonnen. Sie gedeiht nicht nur in sektiererischen und fundamentalistischen Kreisen, sondern hat sich in den vergangenen Jahren in Literatur und bildender Kunst, in der Rockmusik und im Film, in Philosophie, in der Friedens- und Umweltschutzbewegung zu Wort gemeldet. Apokalyptik ist ein öffentlichkeitswirksames Gegenwartsphänomen. Viele halten die Menschheitsdämmerung für unausweichlich. Die Wahl scheint nicht mehr wie noch für Karl Jaspers zwischen Atomtod und globaler Umkehr[33], sondern nur noch zwischen atomarer und ökologischer Katastrophe zu bestehen. Beide werden in apokalyptischen Bildern vorwegphantasiert, welche die vorherrschende Angst symbolisieren. Gegenüber älteren Erscheinungsformen apokalyptischen Denkens besteht freilich ein gewichtiger Unterschied. Waren die Vorstellungen der früheren Apokalyptik weithin Erlösungsvisionen, so fällt der Hoffnungsaspekt in der säkularen Apokalyptik unserer Tage zumeist aus. Jenseits der globalen Vernichtung des Lebens ist keine neue Welt, kein neuer Äon mehr in Sicht. Hoffnung auf Erlösung oder Rettung besteht allenfalls diesseits des wenn auch nicht kosmischen, so doch globalen und damit für die Menschheit totalen Weltendes. Der Literaturwissenschaftler Klaus Vondung spricht darum von der kupierten Apokalypse, in der sich die zweite Hälfte des herkömmlichen Endzeitszenarios verflüchtigt hat[34]. Diese Feststellung gilt allerdings, wie auch Vondung weiß, nur eingeschränkt, entbehren doch auch die kupierten Apokalypsen unserer Zeit nicht unbedingt jeglicher Hoffnung. Selbst noch im Zeichen der drohenden Auslöschung allen Lebens entwickeln sie die Sehnsucht nach Gegenwelten und einem anderen Leben.

Die Zweideutigkeit apokalyptischen Denkens ließe sich freilich auch an dieser kupierten Apokalyptik aufweisen. Ein Beispiel mag genügen. So schlägt in Ulrich Horstmanns Philosophie der Men-

33. Vgl. *K. Jaspers*, Die Atombombe und die Zukunft des Menschen. Politisches Bewußtsein in unserer Zeit, München 1958, [7]1983, S. 353f.402 u.ö.
34. *K. Vondung*, Die Apokalypse in Deutschland, München 1988, S. 12.

schenflucht, die er in seinem Buch »Das Untier« entworfen hat, die Angst vor dem atomaren Holocaust in Hoffnung auf die Katastrophe um. Im Gefolge Arthur Schopenhauers, Ludwig Klages oder auch E.M. Ciorans fordert Horstmann: »Vermonden wir unseren stoffwechselsiechen Planeten!«.[35] So wird eine Hoffnung auf das Ende, die Günther Anders für völlig undenkbar hält, selbst im Atomzeitalter wieder möglich. Die kupierte Apokalypse kehrt bei Horstmann zur traditionellen Zwei-Äonen-Lehre zurück, wenngleich unter umgekehrten Vorzeichen: Auf den Äon leidvollen Lebens folgt die neue Welt – ohne Leben und von keinem Menschen mehr bewohnt. Mag Horstmanns Pamphlet auch ein Stück philosophisches absurdes Theater in einer absurden Epoche sein, so besteht ein gravierendes Problem apokalyptischen Denkens im Atomzeitalter darin, daß die Grenzen zwischen Realität und Fiktion in den Köpfen der Militärs ebenso zu verschwimmen drohen wie im Bewußtsein ihrer Kritiker. Auch wenn die apokalyptische Zerstörung der Welt nur literarisch oder filmisch inszeniert wird, bleibt das Gewaltpotential aller Apokalyptik erkennbar. Um so nötiger ist ein ideologiekritischer Umgang mit jeglichen Formen einer apokalyptischen Welt- und Geschichtsdeutung. Das aber ist nicht nur eine religionswissenschaftliche, philosophische oder politische Aufgabe, sondern auch eine Aufgabe der Theologie.

4. Die Zweideutigkeiten der Religion aus christlicher Sicht

Daß Religion nicht ihrem Wesen nach gewalttätig oder fanatisch, wohl aber hinsichtlich ihrer Lebensdienlichkeit zweideutig ist, ist auch die theologische These Paul Tillichs. Dabei wird vorausgesetzt, daß nicht nur die Religion, sondern daß auch das Leben selbst zutiefst zweideutig ist. Daher ist auch der Begriff der Lebensdienlichkeit nach christlicher Auffassung ambivalent. Man erinnere sich nur an das biblische Jesuswort: »Wer sein Leben erhalten will, der

---

35. *U. Horstmann*, Das Untier. Konturen einer Philosophie der Menschenflucht, Wien 1983, S. 110.

wird es verlieren; und wer sein Leben verliert um meinetwillen und um des Evangeliums willen, der wird es erhalten« (Markus 8,35).

Theologisch gesprochen resultieren die Zweideutigkeiten des Lebens aus der Sünde, die Tillich als Entfremdung des Menschen vom Grund seines Daseins, nämlich von Gott als der Macht des Seins selbst deutet. Gott als dasjenige, »was den Menschen unbedingt angeht«[36], d.h. also das Unbedingte oder Absolute, »kann nur durch das Konkrete erscheinen, durch das, was vorläufig und vergänglich ist«[37]. Alle Religion aber ist durch genau diese Spannung zwischen dem Unbedingten und dem Konkreten charakterisiert, in dessen Medium es sich manifestiert. So wird auch das Göttliche selbst im Medium endlicher Vorstellungen gedacht, die ihren Charakter als Symbole nur solange wahren, als ihr Hinweischarakter, der über sich hinaus verweist, gewahrt bleibt. Ausgehend von Rudolf Ottos Idee des Heiligen als Mysterium des tremendum und fascinosum verdeutlicht Tillich die Gefahr und Ambivalenz aller Religion. Sie besteht darin, daß die Medien, in denen das Mysterium des Heiligen in Erscheinung tritt, mit eben diesem Heiligen selbst verwechselt werden. Sobald die Medien des Heiligen mit dem Heiligen selbst identifiziert werden, werden sie »dämonisch«[38]. Solche Dämonisierung des Heiligen ist wiederum auf die Versuche des Menschen zurückzuführen, an der in der Religion sich offenbarenden göttlichen Macht zu partizipieren und sie menschlichen Zwecken dienstbar zu machen.[39]

Im Blick auf das Phänomen des Fanatismus und die Zweideutigkeiten der Religion sind nun folgende Begriffe der Religionstheorie Tillichs zu beachten: der Begriff des Ekstatischen, sowie die Begriffe des Unreinen und des Profanen. Jede Offenbarungserfahrung, d.h. jede Erfahrung der Manifestation dessen, was den Menschen unbedingt angeht, hat nach Tillich einen ekstatischen Grundzug, wobei zwischen Ekstase und Enthusiasmus unterschieden werden muß.[40] In der ekstatischen Erfahrung wird der onto-

36. *P. Tillich*, Systematische Theologie, Bd. I, Stuttgart [5]1977, S. 247.
37. P. Tillich, a.a.O. (Anm. 36), S. 254.
38. P. Tillich, a.a.O. (Anm. 36), S. 252.
39. Vgl. P. Tillich, a.a.O. (Anm. 36), S. 249.
40. Vgl. P. Tillich, a.a.O. (Anm. 36), S. 136.

logische Schock, d.h. die existentielle Erfahrung der Fragwürdigkeit des Seins, zugleich wiederholt und überwunden. »Er wiederholt sich in der vernichtenden Macht der göttlichen Gegenwart (*mysterium tremendum*) und in der erhebenden Macht der göttlichen Gegenwart (*mysterium fascinosum*). Die Ekstase vereint die Erfahrung des Abgrundes, zu dem die Vernunft in all ihren Funktionen hingetrieben wird, mit der Erfahrung des Grundes, zu dem die Vernunft durch das Geheimnis ihrer eigenen Tiefe und der Tiefe des Seins hingetrieben wird.«[41] Die Ambivalenz der religiösen Erfahrung und ihrer Lebensdienlichkeit reicht bei Tillich letztlich bis in das Göttliche selbst hinein, insofern Gott im Sinne Schellings gleichermaßen Grund und Abgrund ist.

Die Grenze zwischen der Lebensdienlichkeit und der Lebensfeindlichkeit von Religion verläuft dementsprechend zwischen Ekstase und dämonischer Besessenheit.[42] Daß sich diese Unterscheidung sinnvoll treffen läßt, ist die theologische Begründung dafür, im Fanatismus und seiner manifesten oder latenten Gewalttätigkeit nicht das Wesen von Religion, sondern lediglich ihre pathologische Variante zu sehen.

Der Begriff des Heiligen wird nun aber auch vom Begriff des Unreinen und des Profanen abgegrenzt. Wie wir sahen, spielt die Opposition von Rein und Unrein im religiösen Fanatismus eine zentrale Rolle. Auch wenn sich das Heilige und das Unreine gegenseitig auszuschließen scheinen, ist dieser Gegensatz doch nicht ohne Zweideutigkeit. Durch die Moralisierung des Heiligen wird aus diesem das Gerechte oder moralisch Gute. Bevor aber dementsprechend das Unreine mit dem Unmoralischen gleichgesetzt wurde, bezeichnete jenes »etwas Dämonisches, etwas, das Tabus und numinosen Schrecken erzeugte. Göttliche und dämonische Heiligkeit waren nicht unterschieden, bis sie unter der Einwirkung der prophetischen Kritik in radikalen Gegensatz traten.«[43] Wenn aber das Dämonische völlig ausgeschieden, das Unreine vom Heiligen abgetrennt und dieses völlig mit dem Reinen identifiziert wird, »dann nähert sich das Heilige dem Profanen. Das mo-

41. P. Tillich, a.a.O. (Anm. 36), S. 137.
42. Vgl. P. Tillich, a.a.O. (Anm. 36), S. 138.
43. P. Tillich, a.a.O. (Anm. 36), S. 253.

ralische Gesetz ersetzt das *tremendum* und *fascinosum* der Heiligkeit. Das Heilige verliert seine Tiefe, sein Mysterium, seinen numinosen Charakter.«[44] Daß aber überhaupt zwischen dem Heiligen und dem Profanen unterschieden wird, so daß das Heilige zu einem Sonderbezirk in der Welt wird, »ist der treffendste Ausdruck für existentielle Zerreißung. Sie ist das Herzstück dessen, was das klassische Christentum ›Sünde‹ genannt hat«[45].

Im Rahmen dieser Konzeption des Heiligen kann Tillich z.B. konkret die Ambivalenz des Religiösen bei Luther und bei Calvin und seinen Schülern theologisch charakterisieren.[46] Luther beschreibe eine zweifellos numinose Erfahrung, die jedoch nicht gegen dämonische Entstellung und gegen ein Wiederauferstehen des Unreinen innerhalb des Heiligen geschützt sei. Bei Calvin und im Calvinismus herrsche dagegen die umgekehrte Tendenz vor. Hier durchdringe die Furcht vor dem Dämonischen Theologie und Glauben. Die Bezeichnung »Puritaner« sei symptomatisch für die fast neurotische Angst des späteren Calvinismus vor dem Unreinen.

Die Lebensdienlichkeit der Religion tritt erst dort vollends zutage, wo die Zweideutigkeiten des religiösen Lebens und seine selbstzerstörerische Macht überwunden werden. Nach Tillich geschieht dies »im Prinzip« in den christlichen Kirchen, freilich wiederum nur, sofern und insoweit sie als Verwirklichung der Geistgemeinschaft gelten können, welche die Grenzen der Konfessionen und des Christentums insgesamt übersteigt. Wohl gilt nach Tillich, daß auch die Kirchen nicht frei von »dämonischen Strukturen der Destruktion« sind, doch gilt gemäß Röm 8 die Verheißung, daß auch diese die Glaubenden nicht von der Liebe Gottes scheiden können.

Jesus als der Christus ist nach Tillich die letztgültige Manifestation des alle Zweideutigkeiten des Lebens überwindenden Neuen Seins. »Die Zweideutigkeiten der Religion in den Kirchen sind durch unzweideutiges Leben besiegt, insofern das Neue Sein in ihnen verkörpert ist. Aber dieses ›insofern‹ warnt uns zugleich da-

44. Ebd.
45. P. Tillich, a.a.O. (Anm. 36), S. 254.
46. Vgl. P. Tillich, a.a.O. (Anm. 36), S. 253.

vor, die Kirchen mit der transzendenten Einheit unzweideutigen Lebens gleichzusetzen. Wo Kirchen sind, da ist ein Ort, an dem die Zweideutigkeiten der Religion erkannt und bekämpft werden, auch wenn sie nicht beseitigt werden können.«[47]

Somit wäre ein Kriterium für die Lebensdienlichkeit von Religion, inwiefern es am Ort der Religion gelingt, mit ihren gewaltanfälligen Zweideutigkeiten umzugehen und sie zu domestizieren, auch wenn dies immer nur fragmentarisch gelingen wird.

5. Liebe und Gewaltverzicht

Es ist der göttliche Geist, so Tillich, welcher die Zweideutigkeiten des Lebens und somit auch diejenigen der Religion überwindet. Christliche Theologie aber identifiziert den lebensfreundlichen Geist Gottes mit dem Geist Christi. Das Wesen Christi aber wird wie das Wesen Gottes im Neuen Testament als Liebe bestimmt. Daß das Christentum in seiner Geschichte immer wieder gegen diesen Geist gesündigt hat, ist unbestreitbar. Uns aber interessiert die Frage, inwiefern in der neutestamentlichen Christusbotschaft die Überwindung der Zweideutigkeiten aller Religion angelegt ist.

Betrachten wir unter diesem Gesichtpunkt das Verhältnis von christlichem Glauben und Apokalyptik im Neuen Testament, so läßt sich die These vertreten, daß die sachlogische Überwindung der Zweideutigkeit der Religion im Christentum in der Aufhebung der Apokalyptik besteht.[48] Aufhebung meint, daß das christliche Daseinsverständnis das apokalyptische weder bloß negiert noch es widerspruchslos teilt. Der Begriff der Aufhebung hat in unserem Zusammenhang eine dialektische Bedeutung.

Einerseits ist das Neue Testament über weite Strecken von der jüdischen Apokalyptik beeinflußt. Andererseits wird aber die Apokalyptik im Christentum stark modifiziert. Was die christliche Weltsicht von einer apokalyptischen grundlegend unterscheidet,

47. *P. Tillich*, Systematische Theologie, Bd. III, Stuttgart 1966, S. 203.
48. Zum Folgenden vgl. U. Körtner, a.a.O. (Anm. 22), S. 324ff.

ist der Umstand, daß ein bereits eingetretenes Ereignis der Geschichte als Einbruch des Heils bewertet wird und damit die Geschlossenheit der Unheilsgeschichte prinzipiell durchbrochen ist. Diesen Unterschied markiert der Glaube, daß Kreuz und Auferweckung Jesu von Nazareth ein die Welt grundlegend und endgültig umwandelndes Heilsgeschehen sind. Gerade indem das Geschick Jesu mit Hilfe der apokalyptischen Vorstellung von der Totenauferweckung interpretiert wird, werden die Voraussetzungen apokalyptischen Denkens verlassen. Neben aller Erfahrung von Heillosigkeit ist die Welt nun zugleich ein Ort der Heilsgegenwart.

Albert Schweitzer hat das Christentum interpretiert als Weltbejahung, die durch Weltverneinung hindurchgegangen ist[49]. Sofern nicht, wie es bei Schweitzer geschieht, die Ethik des historischen Jesus, sondern dessen Geschick, das in sich ein Moment der Weltverneinung mit einem solchen der Weltbejahung verbindet, zur Begründung angeführt wird, kann diese These dazu dienen, die Aufhebung der Apokalyptik im Christentum näher zu bestimmen. Die Vorstellung des Weltuntergangs ist Ausdruck radikaler Weltverneinung, welche das Weltverhältnis der Apokalyptik kennzeichnet. Auch der christliche Glaube nimmt eine Haltung der Weltverneinung ein, insofern er den Kreuzestod Jesu als Gericht Gottes über eine Welt der Gottesferne interpretiert, die dem Untergang geweiht ist. Die christliche Botschaft vom Kreuz ist also durchaus eine solche der Weltverneinung. Weil aber eben dieses Kreuz als Selbstentäußerung der Liebe Gottes aufgefaßt wird, ist der Kreuzestod Jesu zugleich als Akt der Bejahung der Welt durch Gott zu verstehen. So kann der christliche Glaube die Welt trotz ihrer nach wie vor erfahrbaren Katastrophalität bejahen, weil eben diese Welt des Unheils in Gestalt des Kreuzes des Heils gewürdigt und zum Ort der Heilserfahrung geworden ist. Eben darum bleibt nun aber auch das Böse nicht in seiner Gottwidrigkeit apokalyptisch fixiert, sondern wird durch die Liebe Gottes überwunden. Wenn das Christentum im Laufe seiner historischen Entwicklung von anfänglicher Weltverneinung zur Weltbejahung vorstoßen

---

49. Vgl. *A. Schweitzer*, Kultur und Ethik, Sonderausgabe München 1960, S. 159.

konnte, so deshalb, weil letztere – freilich als eine kritische – in der neutestamentlichen Botschaft vom Kreuz bereits angelegt war. Gleichwohl hat der Glaube der Versuchung einer kritiklosen Weltbejahung zu widerstehen. Wie der Weg Christi zur Auferstehungsherrlichkeit nur über das Kreuz führt, so kann auch der Glaube immer nur durch Weltverneinung hindurch zu erneuter Bejahung der Welt vorstoßen. Darin, daß der Glaube durch apokalyptische Erfahrungen angefochten wird und durch apokalyptische Weltverneinung immer wieder neu zur Weltbejahung durchdringen muß, besteht die Aufhebung der Apokalyptik im Christentum.

Hieraus entspringt ein neuer Umgang mit der apokalyptischen Weltangst. Den christlichen Glauben zeichnet ein spezifischer Mut zur Angst aus, keineswegs völlige Angstlosigkeit. Am Neuen Testament läßt sich die Aufhebung apokalyptischer Weltangst studieren, die in der Überzeugung gründet, daß die apokalyptische Struktur der Wirklichkeit durch das Auftreten und das Geschick Jesu von Nazareth im Prinzip durchbrochen ist. Deshalb kann es in Joh 16,33 heißen: »In der Welt habt ihr Angst; aber seid getrost, ich habe die Welt überwunden.« Die Daseinshaltung, die aus solchem Glauben resultiert, beschreibt Paulus in 2. Korinther 4,8f.: »In allem sind wir bedrängt, aber doch nicht eingeengt. Wir wissen nicht, wo aus noch ein, aber den Weg verlieren wir dennoch nicht. Verfolgt werden wir, aber nicht im Stich gelassen; zu Boden geworfen, aber nicht zunichte gemacht.« So wird in paradoxer Weise im christlichen Glauben die apokalyptische Daseinserfahrung zugleich geteilt und negiert.

Das gilt nun auch für den neutestamentlichen Umgang mit dem Bösen, wie er sich gerade aus dem radikalen Verständnis der Sünde im Neuen Testament ergibt, das vor allem in der paulinischen Lehre von der Rechtfertigung des Sünders allein durch den Glauben hervortritt. Im Anschluß an Paulus läßt sich das Heil als Annahme des Sünders durch den ihm bedingungslos gnädigen Gott bestimmen. Im Heilsgeschehen begegnet Gott dem Menschen richtend und zugleich rettend als der ganz Andere. Das Heilsgeschehen bedeutet die Überwindung des zwischen Gott und dem Menschen bestehenden unversöhnlichen Widerspruchs. Was Paulus als Rechtfertigung des Sünders beschreibt, läßt sich mit einem anderen Begriff auch als dessen bedingungslose Anerkennung bezeichnen. Anerkannt wird der Mensch freilich nicht wegen seiner Taten, sondern trotz derselben, derart, daß Gott zwischen dem Täter und seinen Taten unterscheidet. Trotz seines tätigen Widerspruchs gegen Gott als den Grund seines Daseins wird der Mensch von diesem anerkannt und im Geschehen des Glaubens seinerseits zur Anerkennung Gottes als des ganz Anderen befreit.

Der christliche Glaube ist also eine spezifische Erfahrung des Andersseins und des Fremdseins, dessen Ambivalenz in seinem Oszillieren zwischen Faszination und Feindseligkeit liegt.[50] Die Bibel charakterisiert den unversöhnten Menschen als Feind Gottes. Sünde ist der biblische Begriff für die Feindschaft des Menschen gegen Gott. Das neue Testament aber bestimmt Gottes Wesen als Liebe, genauer gesagt als Feindesliebe. In Römer 5 interpretiert Paulus den Tod Jesu als Inbegriff und Verwirklichung der Feindesliebe Gottes. Umgekehrt fordert der matthäische Christus in der Bergpredigt seine Jünger zur Feindesliebe auf, weil sie vollkommen sein sollen, wie ihr Vater im Himmel vollkommen ist (Matthäus 5,43ff). Die Anerkennung des Gottlosen ist also Feindesliebe.

Feindesliebe ist die christologisch zugespitzte, radikalisierte Form der Anerkennung des Anderen. Feindschaft bedeutet, den Anderen und sein Anderssein zu negieren. Weil sie das Dasein des Feindes negiert, scheint sie es diesem unmöglich zu machen, den ihn feindlich Gesinnten seinerseits anzuerkennen. Denn dies käme ja der Selbstzerstörung gleich. Doch genau diese Selbstzerstörung hat Christus nach dem Zeugnis des Neuen Testamentes auf sich genommen. Dem Glauben aber erschließt sich der Tod Christi als Selbstoffenbarung der Liebe Gottes, als Offenbarwerden der unentschuldbaren Feindschaft gegen Gott und zugleich als grundlose, bedingungslose Gnade, trotz aller Schuld von Gott angenommen und geliebt zu sein. Im Tod Jesu, der auf der Linie von 2.

---

50. Vgl. auch *D. Korsch*, Der verborgene Gott und der sich entzogene Mensch. Zur Dialektik des Fremden in der Theologie, in: *ders.*, Dialektische Theologie nach Karl Barth, Tübingen 1996, S. 3-22.

Korinther 5,18-21 als Versöhnung stiftendes Selbstopfer Gottes verstanden werden kann, kommt die Logik des Opfers im Prinzip an
ihr Ende.

6. Christliche Toleranz

Es ist der Glaube an das Geschick Jesu als allein rettendes Heilsgeschehen, d.h. also gerade der Glaube an die Exklusivität dieses
Geschehens, welcher als sachlicher Grund einer Hermeneutik der
zwischenmenschlichen und interreligiösen Anerkennung begriffen
werden muß. Dem Glauben an die Heilsbedeutung des Todes Jesu, welche soeben im Hinblick auf das Problem der Anerkennung
interpretiert wurde, korrespondiert zudem eine spezifische Form
der Toleranz, welche z.B. die Alternative einer exklusivistischen
und einer inklusivistischen Theologie der Religionen transzendiert.[51] Sie basiert nämlich gerade nicht auf der Relativierung
konkurrierender Wahrheitsansprüche, sondern auf der Anerkennung ihrer Widersprüchlichkeit. Die dem Christusbekenntnis
entsprechende Toleranz ist insofern exklusivistisch, als sie die dem
christlichen Glauben widersprechenden Wahrheitsansprüche
nicht inklusivistisch für das eigene Wahrheitsverständnis zu vereinnahmen versucht, vielmehr gerade als Widerspruch gelten läßt.
Anders als das pluralistische Religionsmodell hebt die hier skiz-
zierte, christologisch begründete Hermeneutik der Anerkennung
vorhandene Widersprüche nicht im Sinne eines Komplementari-
tätsmodells auf, sondern läßt sie als Infragestellung und gegebe-
nenfalls sogar als Negation des eigenen Glaubens gelten. Der Widerspruch soll andererseits nicht, wie es in der Geschichte des
Christentums immer wieder geschehen ist, unterdrückt, sondern
als solcher anerkannt werden. Er kann aber anerkannt werden nur
so, daß ihm nicht *zugestimmt*, sondern daß er *ertragen* wird – und
eben das meint ja wörtlich das lateinische Wort »tolerantia«: ein
Ertragen, das zugleich ein *Erleiden* ist. Solches Erleiden ist eine

---

51. Siehe dazu U. *Körtner*, Versöhnte Verschiedenheit. Ökumenische Theologie im Zeichen des Kreuzes, Bielefeld 1996, S. 105ff.

Gestalt der Nachfolge Christi, dessen Wahrheit sich im Leiden und gerade nicht gewaltsam durchsetzt.

Dem entspricht die biblische Mahnung, das Böse durch das Gute zu überwinden ebenso wie die reformatorische Unterscheidung zwischen der Person und dem Werk des Sünders. Weil die Verfallenheit der Welt an die Macht der Sünde radikal gedacht wird, ist die Möglichkeit zu bestreiten, das Böse als solches aus der Welt zu schaffen, indem die vermeintlich Bösen eliminiert werden. Gleiches gilt für die Zweideutigkeiten der Religion, welche ihre Lebensdienlichkeit ins Zwielicht rückt. Jeder religiös motivierte Versuch, diese Zweideutigkeiten ein für alle Mal beseitigen zu wollen, läßt nämlich die Religion erneut in Fanatismus umschlagen und pervertiert gerade so die Religion zur Erscheinungsform des Bösen.

Der christlichen Lehre von der Sünde und ihrer Vergebung entspricht dagegen, recht verstanden, die Absage an jede Form von Intoleranz und messianischen Fanatismus. Sie kommt in der Mahnung des Jesus zugeschriebenen Gleichnisses vom Unkraut unter dem Weizen zum Ausdruck, in welchem ein Bauer seinen Knechten untersagt, das Unkraut auf dem Felde auszuraufen, weil sie zugleich mit ihm auch den heranwachsenden Weizen vernichten würden (vgl. Matthäus 13,24-30). Die Absage an den Wunsch, das Böse vernichten zu wollen, ist aber auch dem Wort des johanneischen Christus zu entnehmen: »Wer unter euch ohne Sünde ist, der werfe den ersten Stein« (Johannes 8,7).

Aus solchen Worten spricht keine ethische Resignation. Das Gleichnis vom Unkraut unter dem Weizen wie das zitierte Wort aus dem Johannesevangelium zeigen vielmehr eine Möglichkeit auf, wie dem Bösen zu widerstehen ist, ohne Böses mit Bösem zu vergelten und so der Logik des Bösen zu erliegen. So kann denn auch Paulus ganz im Sinne der Bergpredigt schreiben: »Laß dich nicht vom Bösen überwinden, sondern überwinde das Böse mit Gutem« (Römer 12,21) und diese Mahnung am Beispiel der Segnung der Verfolger, des Verzichts auf Vergeltung und im Zweifelsfalle auf die juristische Durchsetzung des eigenen Rechtes konkretisieren[52].

---

52. Vgl. Röm 12,14.17; I Kor 6,7.

Dementsprechend motiviert der im Christusbekenntnis begründete Glaube an die Vergebung der eigenen Sünden dazu, auch die Strittigkeit des universalen Geltungsanspruchs der christlichen Heilsbotschaft und die Widersprüchlichkeit divergierender Gotteserfahrungen zu ertragen. Im Wissen um das bedingungslose eigene Anerkanntsein durch den Gott Jesu Christi ist auch derjenige, welcher meinem eigenen Glauben explizit oder implizit durch die Praxis seiner eigenen Glaubensweise widerspricht, anzuerkennen als jemand, dem wie mir selbst die bedingungslose Anerkennung durch Gott verheißen ist.

Daß aber ein und derselbe Gott hinter den verschiedenen, in den unterschiedlichen Religionen erfahrenen Gottheiten oder Offenbarung des Göttlichen, aus denen einander widersprechende Geltungsansprüche abgeleitet werden, stehen soll, gehört aus christlicher Sicht zur *Verborgenheit* Gottes. Gottes Verborgenheit besagt, daß mir fremde Gotteserfahrungen nicht zugänglich sind – oder aber ich werde zum Anhänger einer anderen Religion. Als mir unzugängliche Gotteserfahrungen vermögen sie mir nicht zur Quelle religiöser Gewißheit zu werden. Die Verborgenheit Gottes läßt sich nicht theoretisch-abstrakt aufheben durch eine generalisierende Philosophie oder Theologie der Religionen, sondern ist als *Anfechtung* der eigenen Glaubensgewißheit zu erdulden, welcher einzig mit der Zuversicht des im Christusbekenntnis begründeten Glaubens zu begegnen ist, daß Gottes universaler Heilswille, wie er für die Christen in Jesus von Nazareth offenbar geworden ist, sich letztlich nicht widersprechen kann und durch Gottes Verborgenheit in der widersprüchlichen Vielfalt der Religionen nicht dementiert werden kann.

Der hier entwickelte Toleranzgedanke unterscheidet sich deutlich vom Toleranzverständnis Gotthold Ephraim Lessings (1729-1781). Noch immer gilt die Ringparabel aus seinem Drama »Nathan der Weise« als eine wegweisende Konzeption für interreligiöse Toleranz. Erinnern wir uns: Drei Söhne erhalten von ihrem Vater drei gleich aussehende Ringe. Nur einer von ihnen kann der echte sein, den der Vater einst trug. Um den unter ihnen ausbrechenden Streit zu schlichten, rufen sie das Gericht an. Da die Echtheits- bzw. die Wahrheitsfrage nach Ansicht des Richters nicht entschieden werden kann, macht er eine andere Frage zum Prüfstein: Wer unter den drei Brüdern ist der beliebteste, wird also von den beiden übrigen besonders geliebt? Diese Prüfung können die Brüder nicht bestehen, es sei denn um den Preis des Eingeständnisses, selbst nicht im Besitz des echten Ringes zu sein. So vermutet der Richter am Ende, daß der echte Ring verloren gegangen sein dürfte. An die drei Brüder appelliert er, dennoch an die Echtheit ihres Ringes zu glauben und dies durch ein von vorurteilsfreier Liebe und Verträglichkeit geprägtes Verhalten unter Beweis zu stellen.

In einer scharfsichtigen Analyse hat der evangelische Theologe Wilfried Härle gezeigt, daß Lessings Ringparabel keineswegs einen weiterführenden Beitrag zum Toleranzproblem leistet.[53] Sie ist nämlich gar kein Ausdruck von echter Toleranz, sondern von religiöser Indifferenz, weil sie die Wahrheitsfrage von vornherein suspendiert und damit den jeweiligen Geltungsanspruch der verschiedenen Religionen gar nicht ernstnimmt. Folgerichtig wird Religion auf Moralität reduziert.

Die Moralisierung der Religion durch die Aufklärung und die mit ihr verbundene religiöse Indifferenz sind aber einer der Faktoren, die zur Hilflosigkeit der modernen säkularen Gesellschaft gegenüber dem Wiedererstarken von Religion und religiösen Fundamentalismen führt. Eben darum bietet Lessings Ringparabel für den interreligiösen Dialog kein gegenwartstaugliches Modell.

Dagegen begründet der von mir entwickelte Toleranzgedanke die Selbstbegrenzung von Religion intrinsisch, d.h. aus der eigenen Glaubensüberzeugung heraus – und nicht etwa nur extrinsisch-politisch, wie ja faktisch der Toleranzgedanke der Neuzeit zunächst gegen die christlichen Konfessionen im Zeitalter des konfessionellen Bürgerkriegs durchgesetzt werden mußte. Nicht zuletzt die ökumenische Bewegung des 20. Jahrhunderts zeigt aber, wie der Toleranzgedanke von den christlichen Konfessionen selbst angeeignet werden konnte, so daß es zu einer neuen Ver-

---

53. Vgl. *W. Härle*, Wahrheitsgewißheit als Bedingung von Toleranz, in: Christoph Schwöbel/Dorothee von Tippelskirch (Hg.), Die religiösen Wurzeln der Toleranz, Freiburg/Basel/Wien 2002, S. 77-97.

hältnisbestimmung von universalem Geltungsanspruch und partikularer Wahrheitserkenntnis kam. Daß der Toleranzgedanke nicht nur in den sogenannten mystischen Religionen, sondern auch in den prophetischen Religionen entwicklungsfähig ist, sei gerade mit Blick auf den Islam betont, dessen eingeschränktes Toleranzverständnis immer wieder als vormodern und aufklärungsfeindlich kritisiert wird.[54] In welcher Weise sich die verschiedenen Religionen weiterentwickeln, ist aber nicht vorhersagbar.

54. Vgl. z.B. *A. Th. Khoury*, Toleranz im Islam, Altenberge ²1986.

Gütersloher Verlagshaus. Dem Leben vertrauen

Identität.
Dialog.
Respekt.

Kann es so etwas wie eine echte
gegenseitige Anerkennung und theologische Wertschätzung zwischen den
Religionen geben? Perry Schmidt-
Leukel hält dies nicht für unmöglich.
Sein Buch ist ein Meilenstein im
Dialog der Religionen: ein Plädoyer
für alternatives Denken gegen den
neuen – auch christlichen – Fundamentalismus.

Perry Schmidt-Leukel
Gott ohne Grenzen
Eine christliche und
pluralistische Theologie
der Religionen

536 Seiten / gebunden
ISBN 3-579-05219-5

GÜTERSLOHER
VERLAGSHAUS

www.gtvh.de